SEXE FICCIÓ

MARTA PONTNOU

SEXE FICCIÓ

MANUAL PER A PUBILLES DEL SEGLE XXI

Il·lustrat per
Raquel Gu

ROSA DELS VENTS

Paper certificat pel Forest Stewardship Council®

MIXT
Paper procedent de fonts responsables
FSC® C117695

Penguin Random House Grupo Editorial

Primera edició: abril del 2021

Printed in Spain – Imprès a Espanya

ISBN: 978-84-18062-12-4
Dipòsit legal: B-2690-2021

Compost a Comptex & Ass., S.L.
Imprès a Limpergraf
Barberà del Vallès (Barcelona)

VT 6 2 1 2 4

A la Constança i a la Hivèrnia perquè
trobin l'amor de veritat en elles mateixes.
I al Cesc, per tot

Sumari

El 2020 no és com esperava...

Per fi puc sortir al carrer...

I ara ens quedarem sense estiu...

Empoderament

Aquest any no tindrem Nadal

El 2021 comença malament...

El 2020 no és com esperava...

Desamor i confinament

Aquests dies homenatgem els sanitaris, els cossos de seguretat, els voluntaris, els investigadors... Però jo vull homenatjar totes aquelles històries d'amor aturades i confinades i posades en quarantena: parelles separades per quilòmetres, solters i solteres esperant la materialització del *matx* del Tinder, amants separats i obligats a estar confinats amb els seus matrimonis oficials, cites pendents, petons pendents, *polvos* pendents, separacions pendents. També hi ha les històries d'amor que han acabat en la distància, per mail, per Zoom, per WhatsApp.

En temps de confinament és més perillós intercanviar números de telèfon que fluids. Podem caure en la desesperació de dir-nos coses que no toquen, expressar sentiments extrapolats, enviar missatges d'ànsia o fotos que no toquen. Abans del confinament, el mòbil, en termes d'amor (o sexe), servia per poc més que per quedar o, en el millor dels casos, per fer sèxting.

En dies de coronavirus i de parelles separades per quilòmetres, el mòbil s'està convertint en una arma que pot matar-te a tu d'angoixa, i a la relació que tenies, d'ànsia (que no ansietat). Missatges no contestats amb els cors que pertoquen (un en comptes de tres), *double blue check* sense resposta o simplement el puto *ghosting*. Les excuses que no serveixen: «He tingut un dia de merda», com tota la població mundial des de fa deu dies; «Vaig *a tope* de feina», si no ets sanitari, ni cos de seguretat, ni militar, ni voluntari no tens excusa; «No he tingut temps ni de mirar el mòbil», mentida! És l'única cosa que fem tot el puto dia. Tens el mòbil als dits i no has volgut! I el *top ten*: «No ets tu, soc jo que...».

Això mereix un capítol a part. Començar amb aquesta frase ja és motiu per penjar la videotrucada i agafar l'ampolla de vi de la nevera i beure-te-la sense respirar. La frase correcta és: «No ets tu, soc jo que no t'estimo, no m'agrades o no vull veure't més». Qualsevol frase que segueixi el «No ets tu» és una frase de merda. Així que estalvieu-vos-la. Comenceu per un: «Perdona» i acabeu-ho amb «No t'estimo, no m'agrades, no vull veure't més» i així acabareu abans amb tot el patiment. Aquest homenatge també és per a tots els que heu perdut l'amor.

A més, vull homenatjar aquells amants fugitius de les rutines matrimonials que veien desbocat el seu desig en hotels de mala mort de carretera i que ara es veuen obligats a passar les hores i a compartir llit amb les parelles oficials. Desintoxicar-se i superar el *subidón* de l'oxitocina hauria de computar com a crèdit variable de la UOC i com a habilitat especial a LinkedIn.

I també homenatjar les històries que no han començat, aquelles primeres cites programades per principis de març o bé aquelles relacions que ni tan sols existien. Aquests dies hauria de ser obligatori saber si algú està enamorat de nosaltres en secret. Trobo que tot i estar en situacions límit, encara no ens estem dient prou el que sentim tots els uns pels altres.

La gent i aquest tarannà català del ves-què-diran fa que no ens atrevim prou a dir coses boniques. Molts necessiten un parell de copes i un telèfon per enviar quatre barbaritats i dos missatges d'amor. Potser no caldria esperar els divendres a la nit ni els confinaments d'epidèmies per dir-nos-ho tot molt clar. Ens estalviaríem disgustos, malentesos, confusions... Us imagineu que poguéssim dir-nos què sentim? Sense que l'altra persona fugís corrents i simplement ho acceptés amb un: «Gràcies!».

Provem-ho?

Dessuadores i confinament

Les catalanes tenim un costum molt arrelat: el de menystenir-nos. Mai donem valor als elogis. Heu sentit mai quan algú li diu a algú altre: «M'encanta aquest abric que portes!», que l'altre li contesti simplement: «Gràcies»? Mai. Sempre ens justifiquem: «Fa sis anys que el tinc», «És de rebaixes»... Poques vegades somriem i entomem el compliment amb total normalitat. Ens agrada justificar-nos. Som un país de celebrar derrotes i de patir, de sortir a fer el vermut el diumenge però a dinar, a casa.

Aquests dies de confinament no ens arreglem, perquè ens menystenim a nosaltres mateixes i als qui estan tancats amb nosaltres. Per això aplaudeixo a totes aquelles persones que dediquen entre cinc i trenta-dos minuts a mudar-se per estar per casa. Als qui es maquillen cada dia, no cal a l'estil Kimera, el referent dels vuitanta i que els mil·lenials haureu de googlejar, però sí aquella cosa discreta que tant agrada a la catalana de grup escolta: l'*eyeliner*. Això sí: traç negre, fi, ni massa llarg ni massa gruixut. I màscara de pestanyes a l'estil burgesetes catalanes de queratina acabada de fer: sense grumolls ni allargaments ni postissos. I potser una mica de *rougechanel* sense provocar despreniment de retina a la videotrucada diària amb la iaia.

Aprofitem aquests dies per buscar un *look* còmode però que no ens faci semblar una ionqui d'extraradi de Leeds. Ni dessuadores amb caputxa, ni *joggers*, ni *messy buns*, ni sabatilles, i sobretot prou de *stories* d'Instagram amb els mitjons d'estil

Happy Socks. No hi ha cosa més ridícula que un senyor es despulli i dugui mitjons amb plàtans o cors. No, no fa gràcia. Si tens vint-i-pocs anys, encara pots sorprendre algú, però passat la quarantena us asseguro que és penós. Si necessiteu creativitat i alegria, busqueu-la al vostre interior; de debò, la trobareu.

Les dessuadores s'han convertit aquests dies en les protagonistes de tots els videoxats. Us aviso: les acabareu avorrint. Arribarà el dia que ens deixaran sortir i voldreu fotre'ls-hi foc perquè us recordaran la tristor, la manca de llibertat, l'olor de menjar, el tuf d'habitació tancada, els crits de nenes hiperventilades. I us voldreu suïcidar.

Les catalanes, fins ara, només trèiem el xandall per anar de calçotada, al gimnàs o, en els últims temps, amb americana i texans per algun *casual friday.* Aquest confinament fa que

sigui la peça estrella de les nostres cases i quan hagin passat quaranta dies o més, la veurem i ens recordarà la reclusió i el virus. Serà com quan t'apareix la caixa de roba del postpart que guardes per a la teva cunyada i et ve aquella vomitera. Així que, si us plau, no n'abuseu.

Aprofitem aquests dies per posar els dits a l'escletxa estilística d'aquest país, i reflexionar per treure'ns aquella por que tenim d'anar massa arreglats. Pensem-hi perquè quan tornem a tenir uns premis Gaudí, una 080, uns Ondas o un concert de Sant Esteve no ens surti allò de Montserrat-en-amunt: «Vols-dir-que-no-vaig-massa-arreglada?». Si us plau, vestiu-vos, maquilleu-vos i pentineu-vos per vosaltres, pels qui teniu al costat o, si més no, per decorar les *stories* dels vostres Instagrams.

Tensió sexual i confinament

Ni classes de la Patry Jordan, ni ioga, ni meditació, ni dinosaures amb envasos de iogurts, ni magdalenes, ni pa, ni *pancakes*, ni punta de coixí. L'única distracció que ens farà més fàcil el confinament és la tensió sexual amb qui tinguem a casa o a 800 quilòmetres.

Una manera de sobreviure aquests dies és tenir l'estómac tancat pensant en el nostre *crush*. No picar entre hores, panxa remenada, els àpats principals esperant a la forquilla sense ganes, mirada perduda. Mai menjarem postres ni tampoc ens vindrà de gust el dolç, ni a mitja tarda ni abans d'anar a dormir. I si ens fa *breadcrumbing* encara millor, serà com els dejunis intermitents que estan tan de moda. El nombre de calories que ingerim serà molt menor i acabarà el nostre patiment d'engreixar-nos durant el confinament.

Tenir algú aïllat a 800 quilòmetres també és una bona manera de tenir la creativitat en alça: pensaments recurrents, imaginació desbordada i converses imaginàries. Pensar en tot allò que podríem fer a mig camí entre la tortura i el sèxting. Hem d'anar amb compte que no ens confonguem i interpretem aquesta repressió com si fos amor! No siguem il·lusos de pensar que un cop tot això acabi ens casarem i tindrem fills amb el *matx* del Tinder; els casaments estan sobrevalorats i empènyer un cotxet gemel·lar ja no és garantia de res.

La tensió sexual no resolta també és el millor remei per a una pell confinada saludable. La barreja d'estrògens, hormones i una mica d'oxitocina a altes hores de la matinada genera col·lagen al nostre cos. El col·lagen, aquella merda que anem perdent a partir dels quaranta, que hem de comprar en ampolletes de 2 ml i injectar-nos cada quatre mesos, rehipotecant el pis que ni tan sols és nostre, a canvi de tenir el front llis des de Setmana Santa fins a mig agost.

Ara bé, si estem confinats amb la nostra parella recent (que ja no es pot considerar *crush* quan ha travessat la porta de casa), aquests dies ens sentirem unes dives. No tindrem pensaments suïcides cada matí i anirem de l'habitació al menjador com unes vedets, lliscant en lloc de caminar, com aquells dies que entres a l'oficina repassant mentalment davant el mirall de l'ascensor els teus *greatest hits*: cabells impecables, maquillatge correcte, pantalons de la Miriam Ponsa, taló de pam i pintallavis vermell.

Res pot fallar. Ja pot començar el puto dia. Així hauria de ser l'actitud d'aquestes setmanes de confinament: com tenir el *crush* al despatx del costat. Amb aquella tensió sexual no resolta, amb aquells folis que tremolen quan passen de mà en mà per anar a fer sis-centes fotocòpies només per sortir del cau i veure aquella persona amb qualsevol excusa. Només així, amb aquest sentiment, tots ens sentirem Beyoncé per un dia i anirem del menjador al rebost amb aquella actitud amb què es passeja per sobre l'escenari amb ventilador de cara i cabellera al vent.

Amb totes aquestes eines ja tindríem tres de les cinc recomanacions del Canal Salut per fer un confinament saludable: activar la ment, alimentació sana i actitud positiva. Només ens quedaria fer esport, però això ja us ho deixo a l'elecció de cadascú i a l'ús responsable de la tecnologia; jo ja no em veig capaç de recomanar res més.

Exparelles i confinament

En temps de confinament s'han de fer coses per donar una mica d'emoció al dia a dia, per exemple *estalquejar* les vostres exparelles. Sobretot aquelles que en el seu moment et van dir que no estaven preparades per a una relació seriosa i que ara, dos anys després, tenen una foto de perfil d'Instagram amb dos bessons, un gos, un gat, un periquito i unes lletres fluorescents que diuen «japilimerriet». *Estalquejar* amb el risc que suposa fer un *follow* per error i rebre un *followback* al cap de quatre segons. Aquell petit cobriment de cor (merda!) perquè per molt que corris a desfer-ho ja ha quedat registrat. El seu ego haurà crescut un metre i mig i tu hauràs perdut la teva dignitat, aquella que vas guanyar quan li vas dir adeu en un bar de Reus, seguit d'un *blackout* a totes les seves xarxes socials.

Decideixes posar tensió al dia vint-i-cinc mil cinc-cents d'aquest confinament, fas un *scroll down* al seu Instagram fins que arribes a aquella foto que li vas fer tu amb el Montseny nevat i t'agafa pena i fluixera alhora. I llavors *scroll up* fins que la trobes a ELLA, la que s'ha quedat amb el senyor «ara-no-estic-preparat-per-a-res-seriós».

El moment més excitant arriba a l'hora de presentar la meva recerca al Tribunal Suprem: el grup de WhatsApp de #perres i #putescelebrities. Elles li donaran el veredicte final. A ell ja el vam sentenciar fa dos anys a infelicitat eterna i a escoltar reggaeton la resta dels seus dies. Moment per als dubtes. Si fas una captura d'una foto se li notifica a l'usuari? Ho demanes a les graduades en ciberespionatge d'alt nivell, les nebodes de disset anys, i et confirmen que és segur fer-ho. Un, dos, tres, captura de la «japilimerriet-mother-of-two» feta!

L'envio a les bèsties del tribunal, llicenciades en sinceritat pura i acarnissament sense escrúpols, màsters en llenguatge àcid i diplomades en rebentar estereotips. A elles els ho dec tot: la vida estripada que tinc, tornar a casa tard cada dijous, penjar selfies sense remordiments ni complexos, passar-me pel cony l'opinió dels altres, dir el que sento en comptes de callar i esperar aviam què passa. La resposta és unànime: «Aquesta tia no val res».

Em confirmen la meva teoria i m'erigeixen com la Glòria Serra del grup. És la típica guapa de poble. Senyora de bàsics, de samarreta i texans, de cua i de concert de festa major, de no portar maquillatge perquè embruta la cara, de les que diuen «extremat» i arrosseguen un got en ballar perquè no saben on posar les mans. De les que no els agrada destacar quan arriben als «puestos» i que tot els sembla massa estampat o massa vermell o massa daurat. De les que no condueixen quan hi és «ell» i de les que diuen «nosaltres» quan expliquen anècdotes de les vacances, de les que van a la perruqueria i demanen un canvi d'imatge, però sense tallar massa ni canviar el color. «Miracles a Lourdes, senyora!», crida el perruquer.

—Merda, li he fet un *like* sense voler!

Tinc un DM de l'«ara-no-estic-preparat-per-a-res-seriós»: «Què cony vols?».

I ara entenc per què jo no tinc ni el periquito ni el gos ni el «japilimarriet» al meu perfil ni a la meva vida. Excessiva, desmesurada, exagerada i carregada de complements, de manies i aquell pànic al compromís. Així que si voleu emocions fortes feu un pastís de tres xocolates, que sempre m'ha semblat un esport de risc, perquè més enllà d'això només us queda *estalquejar* sense fer *like* a una foto, que hauria de ser convalidat per punts a la targeta del Bon Preu Esclat que fossin bescanviables per productes cada final de mes. I que no, que mai he sigut la guapa de poble.

NOOOOOOOOOO!

MERDA!
LI HE FET UN LIKE SENSE VOLER!

Per fi puc sortir
al carrer...

Cites d'amor i desconfinament

En una fantasia imaginària amb el final del confinament sobre la taula, s'obre el moment de planificar les cites. Un amic meu diu que dir «cites» és antic, que ara es «queda», però clar, jo rasco els quaranta, permeteu-m'ho dir. Les catalanes som més aviat secotes, sobretot de la Segarra cap endins, i si li sumem el *look* tota-de-negre que tant agrada per sortir de nit, més les botes marrons de mitja canya, la cabellera *pantojil* i la bossa creuada entre pit i pit, tenim el còctel ideal per no pillar res d'aquí fins a finals d'any.

Jo animo a espavilar-nos una mica, a deixar de banda tots els hàbits antics i accelerar les trobades amoroses en el primer desconfinament total. Soc partidària de donar-ho tot, perquè mai sabrem si ens tornaran a tancar a la tardor o si morirem d'un atac de cor la primera vegada que trepitgem el carrer, així que, ja des de la primera cita, tot pel broc gros, a l'ample, sense anestèsia i després ja veurem si ens en penedim.

Les cites hauran de ser sense drames, *just fun*. Ens hauran deixat anar i ens sentirem a mig camí entre el desig desbocat i la repressió, tindrem ganes de tot i por de tothom, serà més segur xafardejar el seu historial mèdic que les seves xarxes socials. Les catalanes que aquests dies heu aprovat amb un notable el primer i segon de xoxoneig via Skype, a partir d'ara no valen excuses per quedar; s'haurà de trucar si ens ha agradat la persona, i farem notes de veu per agrair la fantasia de nit que vam tenir. Quedarem i ho donarem tot, abans i després de la cita. Comptaran els missatges que s'envien a partir de les tres de la matinada i sobretot valdran el doble aquells que es fan després de dos gintònics.

Pel que fa a les prioritats de les quedades, prevaldran els *crushes* per davant de les amigues. Elles ja ens han demostrat que hi són sempre, encara que hi hagi terratrèmols, pandèmies o vuit filles demanant berenar alhora. Nit rere nit t'arrenquen un somriure, un consell o t'ofereixen consol. Perquè amigues, elles, les dones, sempre, sempre, estan disponibles. El *crush* (si és un home, no si és una dona) té feina o teletreballa o té l'olla al foc o la rentadora centrifugant; té criatures enredant o el Fortnite a mitja partida o la parella a l'altra banda del sofà i no, no pot contestar. Però nosaltres sí, les dones sempre tenim la capacitat de tancar-nos al lavabo i fer un Zoom malgrat tenir un Vietnam muntat al menjador.

I si algú busca una relació a llarg termini, una assegurança per passar acompanyat el segon confinament, jo optaria per buscar algú *easy*, d'aquelles persones sense complicacions. Aquelles que han tingut infàncies felices, sense traumes d'institut, que van aconseguir una beca per la uni i que sempre treien premi als gelats de Frigo. A aquestes persones, durant les cites i la relació a distància, sempre els respectarem els espais, sense agonies. Recordeu que ens han de durar almenys fins a principis de l'any vinent, per assegurar-nos i compartir futurs confinaments. Per tant, no valen missatges del tipus: «Què fas?», «No m'has contestat el missatge», «Estàs bé?», «Noto alguna cosa estranya», «No m'has dit res». Tampoc valen missatges míssil Tomahawk, declaracions d'amor llançades sense criteri a primera hora del matí després d'una ressaca monumental. Amb això aconseguirem allunyar el *crush* amb un atac de pànic.

Mai més drames d'aquests. Hem d'aprofitar els dos dies que ens queden de vida o d'alliberament per donar el millor de nosaltres mateixes. I mentre la naturalesa no ens deixi obrir el camí sexual, tindrem sempre les sortides amb les nostres amigues arribant en aquell antre com si fóssim els quatre genets de l'apocalipsi amb el cartellet d'*available* al front.

Petons cobra i desconfinament

Continuo somiant en un utòpic final de confinament i de normalitat de veritat, de la de tocar, petonejar i abraçar. Transportem-nos: han passat tres o quatre setmanes des que ens van deixar sortir amb total llibertat i tothom ha pogut gaudir d'una varietat de trobades amoroses. I arriba aquell moment de triar el camí, escollir si repeteixes amb l'última cita o bé t'aventures a buscar-ne de noves.

Repetim amb aquell tio que és més perillós que un aire condicionat directe al clatell després d'una suada d'agost? O passem pantalla? A mi no m'agrada escollir, sempre m'ha fet mandra, prefereixo que m'ho donin fet. Que si platja o muntanya. Doncs mira, escolta, ara com ara, encara no ho sé. No m'agrada ni una ni l'altra, totes dues em fan suar. Dolç o salat? Això sí, sempre dolç, fins a rebentar; no et refiïs mai de ningú que no demana postres, ni tampoc de qui mai s'acaba tot el menjar del plat. Reincidir amb el perill d'enganxar-se els dits o retirada? Dilema.

I si insistim amb aquell drama de quedada del mes passat? Aquella tia que va trolejar-nos fort quan tot semblava que anava pel bon camí? Han estat molts dies de converses intenses, intercanvi de fotos, quatre cançons per dia, dues trucades i arriba el moment de la gran trobada i a tu, que vas ansiosa d'amor i fantasia... va i et fa la cobra! Humiliació *time*.

És aquell moment en què totes ens sentim i som Chenoa, quan es retroba amb Bisbal després de quinze anys de la seva ruptura i ella li diu: «T'estimo» (en un escenari davant disset mil persones), i ell li contesta: «*Yo también te tengo cariño*». *Carinyo* se li té a un gos, a un gat o a una persona amb qui no hi vols res de res. Plegar i marxar corrents o fer broma i esperar que en surti una amistat? No, gràcies, d'amics ja en tinc.

Així que et preguntes en quin moment vas perdre el fil de la conversa per haver-te llançat sobre aquesta tia i que s'hagi apartat com un nyu davant d'un tigre afamat. I te'n vas a casa i repasses les converses de les set, vuit o divuit setmanes de confinament i t'adones que tot allò t'ho havies muntat tu dins del teu cap, i que és digne d'una sèrie de vuit premis BAFTA.

I apa, la mandra de fer el dol. Diuen les expertes que és una setmana per cada mes de relació o bé un dia per cada setmana de xoxoneig. Faig els càlculs mentals i trigaré deu dies a estar desintoxicada. He passat de seguir tota la seva activitat social, de veure vint vegades les seves *stories* (no patiu, no saben els cops que les has visitat) i de revisar els seus tuits intentant descobrir si alguna frase amb segon sentit va per tu, però ara toca esborrar el seu telèfon, bloquejar les xarxes socials i fer-me la promesa de no arrossegar-me, no fer el ridícul, no contestar mai més a cap missatge, ni esperar res del *double blue check*. Deixar la droga i anar de cap a la metadona. I ara hem d'embalsamar el mort i passar pàgina. Mandra!

Així que potser decideixo fer un *fast forward* i seguir amb la ruleta russa de quedades, que la novetat sempre fa més il·lusió que fer dols de cobres. Però tot això és fantasia perquè encara estem confinats, així que exhalarem mentre cantem junts el mantra: «*I can't wait to kiss you when this is over*».

Vestir bé i el confinament

Aquests dies la gent fa reflexions positives de tot allò que ens ha aportat el confinament: temps per a la família, temps per llegir, temps per estar amb les filles (gràcies, ja he après la lliçó i ja en tinc prou), temps per aprendre a cuinar, a fer pastissos... Però ningú ha après a vestir bé.

Em passejo avui de sis a set i me'n faig creus. La gent no ha fet el canvi d'armari encara, i mira que de temps no us n'ha faltat! Com que fa calor, l'únic que teniu a mà és aquella mena de vestit de fil d'anar per casa que mai acaba a la caixa d'estiu i que sempre volta, tot l'hivern, mal endreçat en algun calaix. I el traieu al carrer, sota l'empara del concepte: «Per anar fresca». O sigui, una merda.

O vas fresca o vas estupenda. No hi ha terme mig. Si no voleu patir calor aneu a viure a Dinamarca i no em feu sagnar les retines cada primavera. Aquests vestits haurien d'estar prohibits per decret llei a partir de quart de primària. Heu tingut moltes setmanes per llegir sobre moda, aprendre a combinar colors, descobrir marques, afartar-vos de tendències... I, en canvi, ho heu aprofitat per fer puto pa.

Això sí, fingir que llegiu, sí, que no falti. Doncs vestir bé, escolti, també és cultura i un art! I comprar roba en temps de coronavirus també és ajudar l'economia del país, les cosidores, els fabricants, les dissenyadores... Però és massa frívol dir que aquests dies heu aprofitat per fer compres *online* de *looks* per a la primavera.

També em frapo veient les passejades de les vuit del vespre de les adolescents. *Looks* clonats, repetitius i sense estil de *shorts*-mai-prou-curts i *bralettes* enkardashianats acompanyats d'*eyeliners* infinits i aquelles cabelleres Rapunzel arran de cul. Totes amb el mòbil als dits ronejant i aviam què troben. I quina enveja, per què no dir-ho.

I les *middle aged*, aquella franja tan temuda de Montserrat-en-amunt de ves-que-em-poso-als-peus aquesta època, que no vull ensenyar-los si no estic morena i amb vambes m'ofego. Doncs, amiga, les catalanes hem vingut a patir, sempre, així que vambes i t'aguantes, que no estar morena és salut i menys arrugues, moltes menys!

I avui, que m'he aixecat generosa de consellets i una mica *hater*, proposo al nou grup de WhatsApp d'aniversari de la X que se li faci arribar un *outfit* de temporada com a regal. Però com sempre a tots els grups, opinions per a tot: hiperventilades, cagadubtes, *spam* i *gifs*...

Si hi ha una força superior en aquest món, demano que em doni l'empenta per abandonar un grup o posar-lo en un racó on no el trobi mai més, al forat que queda entre el seient i el canvi de marxes del cotxe, que tot allò que cau allà, ja mai més ho recuperes.

Doncs proposo regalar roba a la X, sí, amigues, una comanda *online* sense saltar-nos cap norma sanitària ni de distanciament social, disseny de proximitat, teixits respectuosos amb el medi ambient, bla, bla, bla... Doncs no, s'ha decidit que quan acabi la reclusió, el regal serà anar totes juntes a una masia del Pallars a fer activitats cardiosaludables, meditacions i àpats *veggies*. I això ara per ara no està entre els meus plans més immediats.

Perdoneu, però si aconsegueixo sortir d'aquest confinament i celebrar alguna cosa aquest any, l'últim que faré és tancar-me en una casa amb vint-i-cinc dones més a menjar saludable, a fer ioga i salutacions al sol. Em rebentaré el fetge de gintònics, l'estómac de *burritos*, i que a les 9.40 del dematí ja m'hagin menjat el cony, *perlumenus*.

De Putes Celebrities a minyones de confinament

Avui faig un homenatge a totes les meves amigues, aquelles dones del meu entorn que aquests dies se senten frustrades fent de mestresses de casa i que no veuen la llum al final del túnel. Elles, que durant l'any aixequen cadàvers, països i edificis, que dirigeixen escoles, empreses i programes de tele, que detenen narcos i suïcidis... Ara es troben tancades, tement que se'ls enquisti allò que més odiem totes: fer de minyones.

Ens cauen com una llosa totes les responsabilitats que havíem relegat a altres persones, que ens permetien sortir a ser treballadores, estupendes, dives, consumidores d'alcohol ocasionals i de festa grossa cada dijous a la nit. I que des de fa més de seixanta dies, la llei del karma, ens les han tornat totes juntes per treballar-les sense data de caducitat. Devíem haver estat unes fillesdeputa en una altra vida per rebre aquest càstig diví, que es tradueix cada dia de la mateixa manera: neteja, deures, petició de macarrons a quarts de dues del migdia i «mama, entrepà de fuet» a les cinc de la tarda, i així cada puto dia. Estem entre quatre parets i massa canalla que crida i a mi em venen ganes de treure'm la vida saltant per un terrat que no tinc.

Cada dia ens trobem al Zoom, a la mateixa hora, les sempre-disponibles, ens veiem més vegades que quan érem lliures però això ens alleuja el patiment. I avui, encara sense un calendari oficial d'inici de les d'escoles sobre la taula, fem les nostres apostes. Arribem al consens unànime que estarem fins no-sé-quan amb la canalla a casa i comptem els dies que falten perquè obrin qualsevol casal, aquest any, sense miraments, qualsevol. És l'única via d'esperança i només amb això tindrem mitja vida, l'altra mitja quan puguem tornar al nostre *xiringuitu* preferit del Born, el Cabaret, que no sabem si ens agrada més per l'escalinata d'entrada, que ens converteix en vedets de plomes i lluentons, o bé pels que surten després de les postres, amb mallots i pit a l'aire, a fer-nos el circ dels dijous.

Seguim projectant fantasies i maleint tot allò que ens hem perdut pel tancament, excepte aquell casament que tanta mandra ens feia i que s'ha posposat per a «quan tot això acabi». Amb la nova normalitat, per primera vegada a la història, qui decidirà el nombre de convidats als vostres casoris serà la consellera Vergés i no pas les vostres mares, amb aquella interminable llista de parents amb qui mai heu intercanviat més de tres paraules i que s'han de convidar per quedar bé.

S'ha acabat l'aparentar malgrat que us hàgiu dit el nom del porc quatre mesos abans i donar conversa a cosins segons i tietes per part de mare el dia més feliç de les vostres *fucking* vides. Amb una mica de sort, nosaltres no estarem a la llista del «ves que diran si no les convido». I així gràcies a la pandèmia tindreu el vostre somiat casament, només amb els quatre íntims que sempre dèieu que volíeu i aquella cosa tan senzilla que acaba sempre amb una merda embafadora farcida de sorpreses i lligacames de mal gust.

Però ara per ara ens veiem obligades a tapar les nostres goteres emocionals amb *pancakes* i un passeig de merda d'una hora, massa llarg si el fas amb canalla i prou curt si surts sola a córrer perquè agafaries carretera avall i no tornaries mai més a casa. Nosaltres érem de les que-no-estàvem-mai-quietes i ara tenim aquesta tortura, que ja pot ser per alguna cosa bona; si després d'aquests mesos i la penitència que estic passant, no és per reencarnar-me en algú de molta purpurina i glòria, ja em podeu matar ara i no deixar que pateixi més.

Ruptures amoroses i confinament

En un moment en el qual les relacions d'amistat, de família i amoroses estan en distanciament social, és l'hora de fingir. Fingir ser bones mares, fingir ser forneres, fingir relacions, fingir orgasmes, fingir que llegim, fingir llibres a les estanteries i fer-vos creure que totes practiquem ioga. I sobretot fingir que ens importen els vostres aniversaris. No us queixeu si per un cop a la vida us toca celebrar-los sols, els de l'agost ho fem cada any i sense videotrucades. I mireu quines ganes de viure que tinc!

I així, moltes de les relacions fingides d'aquests dies han acabat amb separacions. Avui me n'expliquen una. No són ni les nou del matí. Haurien d'estar prohibits els drames emocionals sense haver esmorzat; jo necessito tenir l'estómac ple abans d'enfrontar-me a segons què. Obro una ampolla de vi, que encara estem en estat d'alarma, i m'assec a escoltar-la. Ho parlem entre totes. Les ruptures sempre s'han de posar en comú. Quan comences una història amb una persona, llavors no cal parlar-ne, s'ha de dur en secret uns dies i evitar que ens jutgin. Perquè ja sabem de sobres que no estem anant pel bon camí, no cal que t'ho recordin una vegada més, i si de cas, ja plorarem d'aquí a uns mesos.

El d'avui és un drama: ha fugit. La merda de sempre i quatre excuses que mai semblaran suficients ni encertades. Fem entre totes una avaluació de riscos, definim els danys col·laterals i busquem culpables. Sempre s'ha de saber de qui és la culpa, si no, no ens hi podríem acarnissar. I decidim l'estratègia a seguir: dijous, 22 h, *antru* de sempre, tonyina crua per a totes, vi i putejar fins que el cos digui prou.

Però jo, que porto fatal les ruptures, em passo la tarda donant-hi voltes. M'he fet un fart de plorar per les vostres i recordant les meves. Tot i que ara mateix, després de més de setanta dies, també us he de dir que ja ploro per qualsevol merda.

Jo, que tinc una llista d'exparelles més llarga que la de Rosa Peral, mai m'he aturat ni un sol dia a saber què se n'ha fet, de les seves vides. Ara mateix no sé si estan vius o morts (mala comparació, ho sé). Un cop han fugit de la meva vida, passo el dol i faig com una mena de forat negre on van a parar els seus telèfons, les fotografies, els records i allà es queden per sempre, al mateix lloc on van a parar els mitjons desaparellats de la rentadora.

Així que dedico l'aplaudiment de les vuit d'avui als Houdinis i Magos Pops de les nostres relacions, les exparelles que van ser capaces d'esmunyir-se i desaparèixer com el millor dels seus números. Us regalo un parell d'entrades per al gran espectacle d'il·lusionisme de les ruptures, els que van fotre el camp a mitjanit sense explicacions ni notes ni missatges de veu.

I me'n vaig a dormir pensant que a mi només em venen ganes de reconciliar-me amb aquell *morenassu* de metre vuitanta llarg que em vaig trobar una vegada en un pàrquing de terra i fang després d'un *acoso-y-derribo* amb totes les de la llei. Aquell dia que vaig baixar del cotxe sent JLO obrint la mitja part de la Superbowl i que al final va quedar tot per fer. Ja ho deia la meva mare, que amb aquest caràcter no m'aguantaria ningú. I tant de bo li hagués fet cas i m'ho hagués cregut. Així ara no buscaria la meva dignitat ni els mitjons desaparellats al fons de la rentadora.

El parvulari de l'amor

Mai m'hauria imaginat que diria aquesta frase, però aquí va: «Moltes de vosaltres m'heu escrit per preguntar-me...» i lluny de voler ser la Laura Escanes de *Núvol*, us explicaré el que m'ha passat sense donar-vos un codi de descompte per un hidratant labial que no necessiteu. He rebut mails on m'heu explicat casos de Houdinis amorosos heteros. I totes acabeu amb la mateixa conclusió: el tio es va espantar.

I ara com si fos la Carrie Bradshaw de la Catalunya interior em pregunto: Què coi els passa als homes que fugen quan veuen dones segures dels seus desitjos? Les que escriuen missatges fiblants sense necessitat de drogues al·lucinògenes ni *lockdowns* obligats? Les que se't presenten a casa rebentant la porta d'una morrada amb un «aviam-què-passa-aquí-tio»? O aquelles que es decideixen a deixar-se anar després que els colessin tres «tinc ganes de veure't» passades les dotze de la nit i que l'endemà «*si-te-he-visto-no-me-acuerdo*»? És per això que som les putes *jefes* del Bumble?

Em parlen dels homes que després d'un acostament o bé d'una nit de sexe salvatge, l'endemà fugen com fures esporuguides. I totes coincidim (amb lletres de neó i parpellejant) que S'HAN CAGAT. Així, amb majúscula, perquè no hi ha cap altra explicació a aquesta actitud, al comportament digne d'estudi científic que mai tractem prou. He buscat fonts fiables, homes d'aquest tipus que sota el més estricte anonimat confessen que sí, que

PUF!

ADEU!

LA CLÀSSICA BOMBA DE FUM...
UN COMPORTAMENT DIGNE D'ESTUDI CIENTÍFIC!

tindrien moltes excuses per donar quan desapareixen, però que ho redueixen a dues opcions: o bé el sexe no els ha agradat o bé no es volen enamorar. I ara, després d'aquest estudi em sento l'Oriol Mitjà de les relacions i el concloc afirmant que els homes no confien en les segones oportunitats, ni en les sexuals ni en les amoroses, i que no volen sortir-ne ferits, ni d'una situació ni de l'altra.

I així es queden, ancorats al parvulari de l'amor, actuant com una criatura de P3 de les relacions, fent silenci total i una bomba de fum quan es veuen acorralats en una de les dues anteriors. Sabem bé que quan la dopamina, altrament coneguda com la droga de l'amor, fa els seus estralls els primers dies de la relació, amb la serotonina i l'oxitocina acompanyant el viatge, tots treuen els minuts d'on sigui per fer-se presents a la vida de l'altre, per donar un senyal de «soc aquí i penso en tu». Però passat això, que et facin cas és com demanar que pugin de genolls a Montserrat per jurar amor etern a les dotze del migdia i que es tatuïn el nostre nom amb ferro roent.

Aleshores la relació es trenca per la por d'ell a qui-sap-què, que tampoc en trauràs mai l'aigua clara, perquè no has aconseguit asseure-t'hi cara a cara ni cinc minuts. Ara sí que sentirà por de veritat, perquè una altra cosa potser no tenim, però mala llet quan ens fan *ghosting* n'hi ha força i saben que en sortiran escaldats. Ja ho deia la Bad Gyal amb sublim poesia aquest hivern: «*Tú no puedes pasar por nuestro corner porque tú sabes que te vas sin Jordan... Yo ya no estoy pa' tu mierda*».

Així que ara com ara, l'únic valor en alça és tenir un Chanel a l'armari i un home valent, que quan arribes amb unes calces al bolso per a l'endemà, et fan lloc al tercer calaix de la calaixera de la seva habitació, no per quedar-t'hi per sempre, sinó perquè no s'arruguin almenys aquella nit.

R+D recerca mèdica amorosa

Aquests dies que els petons van a preus d'ostres i la meitat de la població espera els resultats del PCR amb la mateixa ànsia que un negatiu del predictor passats els quaranta, les expectatives sexuals són escasses. És, per tant, el millor moment per dedicar temps i diners a la recerca mèdica amorosa.

La inversió en coneixement és la clau per al benestar amorós i en definitiva per a la nostra salut mental, així que en primer lloc demano que trobin una vacuna per no enamorar-te de les amigues, perquè elles sempre ho fan tot bé i el pas d'estar en una festa fins al capdamunt de gintònics a estar-te rebolcant pel sofà és una línia molt fina que no s'ha de traspassar mai.

Els departaments d'R+D de les empreses haurien de desenvolupar eines per anul·lar el clic del cervell responsable de no poder-te mirar aquella persona d'una altra manera, perquè després de tres mesos sense sortir saps que haver passat els teus amics al nivell *friend zone* és el més encertat que has fet a la vida.

Hem de procurar que no marxin més investigadors en genètica molecular a altres països, que es quedin aquí a Catalunya. Necessitem trobar una explicació al perquè els humans pidolem amor, dia sí dia també, en comptes de regalar-lo i no esperar-ne res a canvi. Allò que et passa quan et lleves al matí, després d'arreglar-te, et sents com The Queen in the North entrant amb les tropes a Winterfell, i et mires al mirall repetint vint vegades que ets la *jefa* de la contrada, però no són ni les dotze del migdia i ja t'estàs arrossegant demanant al *crush* les quatre engrunes que li han sobrat després d'una nit de festa.

I de reina del nord passes a ser Britney Spears en aquell moment que tots tenim gravat al cap, esquivant els paparazzis a mitjanit per rapar-se el cap amb el rímel corregut pels llagrimots de la depre postpart. Aviam si us entra al cap, amigues, l'amor es regala i es rep, però mai es demana. El problema el tenim en els fonaments de l'amor, massa pel·lis de Disney, massa referents televisius de merda i que la primera almoina de l'amor la trobem a dins de casa, de ben petits, a ca la iaia: «Que em fas un petó? I per què no? Mira que em poso trista, eh?».

La innovació en temes de salut amorosa hauria d'anar cap a la recerca d'un medicament que ens permeti viatjar al passat. Vull dir-li a la meva jo de fa vint anys que aquella persona que no et va trucar o que no va quedar amb tu amb una excusa barata, és perquè no li agradaves prou, i ja està, que no cal donar-hi més voltes ni perdre dies esperant al costat del telèfon. També aprofitaria per dir-li que la meitat de coses que surten de la boca d'un home són mentida. I de passada, em diria a mi mateixa que la *top ten* de les *fake news* de mares és falsa: que no cal esperar-se dues hores per fer la digestió, n'hi ha prou amb mullar el clatell una mica.

Els consellets de les mares també haurien de ser considerats descobriments científics i publicats a la revista *Science* del mes de novembre. Sento ressonar dins del meu cap la veu de la meva dient: «Un dia se t'acabarà, tot això». I ara penso si tenia poders visionaris sobre el confinament d'aquests mesos. A què es referia que se m'acabaria? La joventut eterna? Sortir a putejar amb les amigues? Canviar de parella cada dos per tres? Treballar fora de casa sense remordiments? O bé es referia a la capacitat de posar una rentadora mentre envies un mail de feina i penses quina activitat extraescolar toca l'endemà? Si se me n'ha d'acabar alguna, demano *perfavort* que sigui l'última i així seré d'aquelles persones que només saben fer una cosa, i per a la resta demanen perdó i tan amples, tu!

Catalunya, un poble unit, alegre i ben vestit

Si fa uns mesos el problema era anar a la perruqueria, ara en tenim un altre: el de la gent que ha decidit no tenyir-se més. Escolti, que cadascú pot fer el que vulgui, però el que sí que heu de saber és que no a tothom li queda bé la cabellera blanca. Si no ets Olga Tubau o Sean Connery, oblida't de deixar-te els cabells canosos.

No sé en quin moment us va passar pel cap que no tenyir-vos era una bona idea, que vau pensar que us afavoria o directament que em volíeu rebentar les retines. I reconec que teníeu l'excusa, perquè el tema de les perruqueries va ser dramàtic, va ser la supervivència estètica per excel·lència del confinament. Només van sobreviure aquells que tenien una màquina afaitadora, una habilitat sobrehumana a l'estil Edward Scissorhands amb les tisores de la cuina, o els que van saber aplicar el color roig-passió-núm-6 sense deixar el bany com si s'hi hagués abocat la copa menstrual després d'estirar dues hores perquè t'ha fet el buit.

El meu consellet de merda de la setmana és que per accelerar l'economia del país, deixeu de fer provatures i aneu a les perruqueries: elles ho necessiten i vosaltres també. I, sobretot, arregleu-vos! Que veig molt poc atreviment, *outfits* encara esportius, molt poques ganes d'engalanar-vos i menys d'anar a comprar roba! Que també us he de dir, que amb aquestes cues que es fan a fora les botigues com si fos el concert dels Back Street Boys, tira una mica enrere, però penseu que necessitem aixecar la moral de la nació, animar-nos els uns als altres, veure que fem goig com a poble; que ens en sortim, sí, però que no ho farem com la Paulina Rubio, sinó com la Madonna.

Ara que les feines, els bars i les places tornen a omplir-se, lluïm-nos una mica i farcim-ho d'autoestima i *glamurt*. Necessitem respectar-nos. Oi que no aniríeu amb xandall a veure la Moreneta? Doncs tampoc ho heu de fer al Parlament, ni a ca la sogra, i menys encara a passejar amb les amigues. Catalunya està anant massa cap al minimalisme dels noranta i necessitem uns mesos de mai prou brillant ni mai prou daurat per sortir del sot.

Hem de ser un país de referència, necessitem més Núries Felius i no volem sentir més la dita catalana de «Joies poques, però bones»: volem barroquisme, colors i pedres precioses. Prou de comprar mobles dels que duren, dels que són per a tota la vida, que demà me'n canso i necessito variar. No volem aquest tipus de gent que diuen que el *finde* faran «platgeta», que el dissabte al vespre és de «pel·li i manta» i que el diumenge al matí no cal sortir, que em ve de gust estar «tranquil·leta a casa». Volem gent eixelebrada, empoderada i amb una agenda d'activitats que ni la del *Time Out*.

Que aquest estiu de goig i alliberament que ens han promès es reflecteixi a la roba, als nostres estilismes des de les sabates fins a la tofa, perquè com diu el meu amic Martines, «No podran amb un poble unit, alegre...». I jo hi afegeixo: «I ben vestit».

Els conys catalans

Jo, que arribo a una edat en la qual ja he fet totes les figures de l'auca, m'he iniciat en el món de la copa menstrual. Em demanen les mides. En *sèrio*? Una de cada i anem provant, no? Aviam, com hem de saber la talla i l'estat del sòl pèlvic si ni tan sols us heu dignat a unificar el tallatge de pantalons, que ara la 42 és la nova 38 i així anem, de perdudes.

Fins fa quatre dies, no sabíem ni quina copa de pit fèiem, o sigui que ara no em maregeu amb la S, M, L, que jo necessito emprovar-m'ho tot. Si a les botigues ara mateix no pots tocar res, encara menys em veig emprovant-me una copa menstrual, que no tinc gaires manies, la veritat sigui dita, però, és clar, no seria una bona litúrgia de dimarts al matí en una farmàcia al centre de Sabadell.

També us he de dir, amigues, que tot i que no ens deixen tocar res, no és pas perquè no siguem un país polit, que sou molt de comprar sofàs i posar-hi una funda que no traieu mai, ni per Nadal, perquè venen els nebots i hi posaran els peus, ni tampoc per la festa major, que el cunyat fa *ademans* i sempre vessa el vi. Així doncs, som terra de llençar el sofà al cap de deu anys perquè està deformat, però, escolti, quina llàstima, si està nou!

Però sobre les copes menstruals: ho sabeu, oi, que si fos una cosa d'homes en tindríem dues-centes mides, comparatives a les revistes de moda, models per emprovar a la botiga i possibilitat de retornar-les? De ben segur que les donarien d'obsequi d'empresa, a les botigues de roba amb compres superiors als 25 euros, a les cafeteries en comptes de la xocolatina del cafè. I les regalarien el diumenge amb el suplement del diari.

Però com que és una cosa de dones, queda silenciat i només se'ns classifica en dos tipus, les que hem parit i les que no. I es queden tan amples. I només ens queda utilitzar el comodí més antic del món, que és el de demanar l'ajuda de les amigues i preguntar: «Escolta, i tu quina talla portes?», per acabar provant-ne cinc-centes abans de fer una sortida al carrer amb dignitat i cabellera al vent.

He fet un Glòria Serra i he trobat unes fonts, la identitat de les quals no puc revelar, i em confirmen que la mitjana de copes comprades fins a trobar l'encertada va de tres a quatre. Tot això, a part dels problemes de tota mena de posar, de treure, de confiança absoluta i de vessaments que ni el Segre en ple desglaç del Pirineu. Doncs potser tan bon invent no deu ser, no?

Heu vist mai algú tot sol fent la *performance* d'intentar posar la funda a l'edredó nòrdic? Doncs imagineu-vos per un moment que us donen tres nòrdics, un de metre trenta-cinc, un de metre vuitanta i l'altre de dos per dos i ja t'apanyaràs per fotre-hi els llençols. La suada que agafes és proporcional al disgust de fer quatre passes i perdre una copa a mig camí de l'oficina.

Em nego a admetre que les catalanes només podem ser cony S, M o L, que no hi ha marge per a les mitges talles ni per a la confecció a mida, ni cap sistema fiable per saber exactament quina t'anirà bé. Perquè un tema és Madrid, que ja estan acostumats a tenir poques coses, però nosaltres que tenim mar, muntanya, aiguamolls, Montserrat, un delta i nou maneres diferents de dir «bonica»... Nosaltres no podem tenir només tres talles de copes menstruals.

Les copes són coses de dones i tot allò que implica el gènere femení ni s'explica ni es parla prou, i encara menys es busquen solucions; simplement anem passant i tal dia farà un any. No aconseguirem mai ser lliures fins que les pubilles no puguem triar entre un tallatge complet de pantalons, sostenidors i copes menstruals. I això, ara per ara, és una d'aquelles coses impossibles, com les parelles que volen dormir abraçades tota la nit o com la tercera via dels Comuns.

M'estimo més un Tesla que un nòvio nou

Des de la setmana passada, Barcelona és la capital mundial del 5G. Tindrem sistemes de conducció intel·ligents de trens i vehicles, noves aplicacions de navegació virtual i mil coses més modernes, moderníssimes, però, en canvi, per interpretar un missatge d'una tia del Tinder jo hauré d'utilitzar una cosa tan antiga com refiar-me de la meva intuïció.

Us ben asseguro que soc de les que m'adaptaré en «zerocoma» a aquest nou món de cotxes autònoms i d'emprovar mitges amb realitat augmentada, però em nego a seguir confiant en els meus sentiments i en les meves percepcions a l'hora d'escollir una parella. Ja us dic per experiència que la cago bastant.

El supercanvi tecnològic portarà més serveis al sector de la salut, podrem trasplantar fetges a distància i espero que aviat també ens deixeu posar el cony d'aplicació per fer el seguiment dels contactes durant les pandèmies, i així ens estalviarem molta feina i unes quantes setmanes de tancament. Però el que és realment necessari és una app de rastreig de bandarres.

Alguna cosa no estem fent bé en aquesta vida si encara ara no hem desenvolupat un sistema per reconèixer els homes que venen amb una MTS sota el braç a la primera cita. Hauríem de tenir el TripAdvisor de les relacions, amb comentaris dels usuaris, estrelles per puntuar el seu comportament a la taula i al llit i sobretot fotos reals dels consumidors, com aquelles que fan els viatgers de les habitacions dels hotels amb humitats al bany o llençols arrugats, i així no ens enlluernem amb els selfies de vint-i-cinc filtres, que després comencen els disgustos.

Així que tenim el corredor del 5G del Mediterrani, molt bé, però i el 5G de l'amor, *pa' cuando*? Tenim una Conselleria de Polítiques Digitals, però jo vull un Departament de la Generalitat d'Assumptes del Cor. Que es facin polítiques per a l'amor i el desamor, amb una Secretaria General del Patiment, control de relacions i supervisió del *ghosting* com a assumpte d'estat. I sobretot una conselleria on ens puguem anar a manifestar cada dimecres totes les damnificades per les decepcions i els disgustos amorosos.

Amb el 5G podrem gestionar el [illegible]t i jugar al *Just Dance* de la Play mentre conduïm, però on és l'eina que interpreta els senyals d'un tio? El meu cotxe pot anar sol de Santa Coloma de Queralt a Camarasa i, en canvi, no s'ha inventat una CPU capaç de desxifrar les intencions del morenasso de metre vuitanta-cinc quan et fa una abraçada? Jo he de deixar en mans del meu cervell i de la meva clarividència una decisió tan grossa com la d'escollir el progenitor per a les meves criatures? Si sabeu de sobres que amb una sobredosi de dopamina ja soc incapaç de pensar amb claredat, com voleu que interpreti si aquelles mans donant copets a l'esquena són nervis o una declaració d'amor encriptada en alfabet Morse?

Sense un 5G per afrontar els assumptes del cor, només puc refiar-me dels instints, dels pressentiments i de les visions, i convertir-me en l'Aramís Fuster de la Baixa Segarra. Si no hem d'aconseguir cap avenç tecnològic, m'estimo més comprar-me un cotxe autònom i poder-me eixugar les llàgrimes del disgust sense aguantar el volant, que aquella abraçada va ser per compromís i una mica per llàstima post-Covid. Crec que prefereixo un Tesla abans que un nòvio nou.

Folklòrica i de vuit cognoms catalans

Resulta que els de *Núvol* van cometre la imprudència o la sensatesa d'encarregar-me un text durant el confinament sense haver-me vist mai en persona. No em coneixien d'abans i en part no sé si és millor, però jo que em dedico a la imatge, trobo una idea molt kamikaze confiar en algú sense haver-lo examinat de dalt a baix. I aquí estic, divendres a les deu del matí de camí a la redacció de *Núvol* per primera vegada.

Últimament estic una mica que em passo bastant pel cony les opinions de tothom, i a sobre, després d'aquest tancament de mesos de dessuadores i vambes, em ve com molt de gust anar força enfarfegada, com si diguéssim, amb mai prou de tot. Així que entro a la redacció com una folklòrica: vestit, plataformes, llavis vermells i ulleres de sol XXL. Per donar-ho tot, que mai sabem a qui ens trobarem.

Tinc un rau-rau a la panxa, que no sé si és de gana o una mica d'enamorament, però provaré de menjar *algo*, que amb els darrers disgustos i quatre bastonets de pa, potser em passa, i ves que sí, que era fam.

El *look* és digne de cantar alguna cosa costumista i per un moment, abans de passar per la porta, penso que he punxat en estil. Sort que m'avalen els meus vuit cognoms catalans, perquè a *Núvol*, si no tens un llinatge que ben bé semblis una descendent d'un vescomtat de Cardona, no t'hi deixen escriure pas res: Puig Taulé, Rius Llorens, Burdeus Solé... I com més difícil de pronunciar per un castellanoparlant, millor: Campabadal, Cucurull, Puigtobella...

Així que dir-se Pontnou, per molt hortera que vesteixis, sempre és una carta a favor, perquè ningú ho pronuncia bé a la primera i la gent arruga el front pensant que és un nom artístic. Repasso els meus cognoms, que amb els nervis i aquella gana/enamorament gairebé se m'obliden: Pontnou i Farré, *vale*, aquest últim poc normatiu però és català. És el que té quan vas al registre civil amb atabalament, presses i una mica de franquisme, que t'ho escriuen com volen. Però tinc els requisits, ja no tinc gana i res pot anar malament.

M'obre la porta l'editor, un senyor una mica desmanegat amb un màster de literatura comparada de Yale sota el braç, a qui li etzibo que no llegeixo mai, que em fa una mandra tremenda i que és millor veure sèries. I per darrere surt la cap de redacció, que ben bé podria ser la Beyoncé de la Conca d'Òdena, però que es conforma a passar desapercebuda pel ves-què-diran, i em mira amb els ulls com a plats dient: «Que passi, que passi aquesta boja!».

Però el gran *jefe*, de ben segur que enlluernat per les mànigues *abullonades* del tul del meu vestit de fantasia, em diu que vagi escrivint, que alguna cosa grossa farem junts i que endavant, que allò és casa meva.

Així que el meu consellet de merda de la setmana és que quan escolliu un vestuari, digues-li d'entrevista de feina, digues-li per presentar un partit polític nou, no ho feu amb una camisa blanca neutra de cambrera de bar de segona línia de mar, que ja som prou ensopides. Som un país de sortir a treballar amb samarreta i texans, i després venen els drames quan arribeu a l'oficina i hi ha la *pija* estilosa que ha arrasat les botigues dels carrerons de Begur, de pantalons blancs amb brillants, plomes i lluentons de conjunt amb el moreno d'haver-se rostit tres hores per davant i tres per darrere fent veure que l'apartament del davant és seu, que això fa molt de catalana.

Aneu a les primeres feines amb vestit de cua o capa, però feu-ho amb fermesa i decisió, que mentre no tinguem un *dress code* regulat per decret llei al Parlament, us haureu de guiar per la intuïció i els meus suggeriments. Ara que també us dic que si els catalans ni tan sols ens posem d'acord en la divisió de les vegueries, encara menys trobarem un consens per anar tots a l'una al *casual meeting* dels divendres.

Més amor i menys WhatsApp

Divendres vaig sortir per fi amb les #putescelebrities a sopar i vaig adonar-me que res havia canviat. Ni el nostre gust pel vi car, ni els *lookassos* dignes de l'editorial del mes de juny de la *Vogue Paris*, ni els farts de riure fins a caure les llàgrimes mentre la Mariona ens fa una *performance*. Però no sempre és una joia que tornin les coses que pensaves que havien desaparegut de la teva vida. Avui, com a influencer de la Baixa Segarra, em pregunto: algú sap a on van a parar els àudios dels grups de WhatsApp quan els esborres?

Físicament, vull dir. La brossa on és? Qui la té? Dic jo que hi ha d'haver un lloc, una mena de servidor on es guardi tota la nostra merda virtual. Que existeix, segur, que ja ens ho han dit per activa i per passiva: «Senyora, *ojo* allò que publica que la informació queda registrada per sempre». Ho sé perquè el primer truc de màgia real que em va deixar muda, que ni Magos Pops ni Mags Laris, va ser el d'un informàtic de la productora, que em va recuperar un mail perdut després d'un *delete, delete, sure, sure*. Aquell dia vaig aprendre dues coses: una, que sempre hi ha un sistema on va a parar tot allò que elimines, i dues, que casar-te amb un informàtic podia ser la millor inversió *ever*.

Bé, vaig pensar en un informàtic, però després vaig caure que millor seria el Prunera, el meu metge de capçalera, i ara penso que més m'estimaria un podòleg, però aquí estic, encara per decidir-me. Però, com deia, si ells són capaços de trobar un *e-mail in the middle of nowhere*, també poden anar a buscar aquells quatre minuts de drama emocional que vas enviar al grup el dia que vas enganyar el podòleg amb aquella rossa, i que podrien fer servir en contra teva a qualsevol judici per la custòdia d'uns fills que no tinc.

Sigui com sigui, el fet és que volem saber on van a parar aquests àudios eliminats, més que res per si de cop tornen tots com un tsunami per error, o bé si un dia els necessites escoltar per aquella coseta de la nostàlgia i reviure els missatges de la nòvia que ja no tens.

Així que em considero una de les millors ocultadores de proves de crims, perquè sempre esborro el rastre digital després d'un *jari* important, però arriba el dia que et canvies el mòbil, t'instal·les les aplicacions i amb un «acceptar tot» restaures la informació de l'antic terminal sense llegir-te la lletra petita. I és llavors quan veus que es comencen a carregar les fotos d'un sèxting del 2015 i et baixa regalimant una suor freda que se't glaça mitja esquena, perquè creies tenir-les eliminades i fulminades. I comences a fer un contorsionisme al sofà digne d'un número final del Cirque du Soleil perquè la teva nova parella no vegi el panorama del mòbil, retorces els braços per ocultar la pantalla, i t'adones que potser sí que podries participar a l'equip de gimnàstica esportiva dels Jocs Olímpics del 2021.

Es restaura tota la info del mòbil, els missatges, i t'agafa una escalforada a l'estómac digne d'una llaga de 7 a l'escala de Richter que es barreja amb els nervis i l'atordiment. I acaba sonant, no saps com, un àudio binaural per tota la casa on expliques a les teves amigues el pessebre que vas muntar fa dos anys en aquella masia de Camprodon amb el ja famós morenasso de metre vuitanta-cinc.

Segur que això deu ser el més semblant a la mort. Ni històries de túnel ni àngels que et venen a buscar amb llum encegadora, el més semblant a morir-se és quan no trobes el mòbil dins del bolso, quan et surten les dues ratlles del predictor després d'un *finde* amb massa vi o quan et tornen en forma de bomba atòmica tots els àudios eliminats del WhatsApp, sonant a tot drap per l'Alexa del menjador de casa del nou marit.

Homes, desconfiança i desmaquillant

Avui vull parlar de la desconfiança cap a tot home sobre la capa de la Terra. Avui em pregunto per què ja no confiem en les noves parelles que la vida ens concedeix. Durant un temps prudencial (digues-li dues setmanes per a les més escarmentades, digues-li dos anys per a les més inexpertes) és el temps que pots trigar a descobrir un objecte sospitós a casa de la nova persona que ronda la teva vida, sense que et saltin les dents de la ràbia. Trastets que sabem de sobres que nosaltres ens hauríem afanyat a amagar per no ofendre a ningú, però ja sabem que els altres baden sovint, i si són homes, encara més.

Com que la meva vida amorosa sembla els Marfa Lights dia sí dia també, arriba quan un matí que trobes un desmaquillant al tercer calaix del bany de casa seva. Primer intentes culpar-te a tu per haver obert un armari que no és teu, però com que saps que ets la drames de la relació, comences a buscar pistes per saber si hi ha rastre d'alguna altra persona més que es maquilli i que també vulgui deixar el raspall de les dents de divendres a diumenge a casa del nou tio en qüestió.

Però ja saps que tu sola no te'n pots sortir, així que reuneixes totes les amigues en un lloc secret, i estens sobre la taula una pissarra de suro amb tots els escenaris possibles de conegudes i amants. Anem anotant les pistes que trobem, *estalquegem* les xarxes fins que trobem dates exactes i fotos amb localització, i com un mapa dels controladors aeris, tracem línies per veure les coordenades de març a juliol i concloem que per allà no hi pot haver passat ningú que no siguis tu. Podem afirmar amb fermesa que el paio no té relació amb cap altra persona. Tampoc pertanyen al passat sexual cap de nosaltres allí presents, que també és d'agrair saber-ho.

Estic ben segura que en una altra vida vaig ser policia o alguna cosa de molt manar, perquè aquesta habilitat m'ha de venir d'una vida anterior. No pot ser això adquirit així a la babalà. Aixequem la sessió de Carles Porta de les relacions amb una investigació digna d'una edició especial del podcast de *Crims*. Però continuo pensant si el desmaquillant és un senyal del més enllà, una il·lusió òptica o un engany amb totes les de la llei. Me'n vaig a casa recordant que la policia científica també va aconseguir resoldre un assassinat recuperant uns vídeos esborrats de les càmeres de seguretat i que, per tant, ja poden entrar a jugar les suposicions que no estan documentades.

Opcions que òbviament no comparteixes amb ningú perquè no et facin sentir més desequilibrada emocional del que ja ets. I si ho va comprar i es va confondre perquè és un *open-minded* i no es deixa influir pel *packaging* sexista que regna a les nostres farmacèutiques? La qüestió és que allò ja et molesta cada cop que li fas una visita i t'ho mires de reüll i penses que no et cal cap més equip d'investigació per saber que és d'ella, una «ella» que ja odies sense haver-la conegut.

I acabo la relació al cap de pocs dies d'haver trobat el desmaquillant perquè el meu cap treballa a escala de vuit capítols seguits de *House of Cards* i estic a punt de muntar la seqüència tretze de la tercera temporada. Decideixes que no necessites aquella relació per satisfer res, perquè les dones del 2020 tenim una sexualitat com la Catalunya de l'himne d'«Els segadors»: rica i plena. Que allò no va a enlloc, que la confiança està traïda i tu ets una discapacitada emocional incapaç d'enfrontar-te a una pèrdua amorosa més.

Porno sentimental

De les coses que més m'esfereeixen a les xarxes no són pas ni les pitreres exuberants ni els culs de les Kardashians, allò que més em sobta són les declaracions d'amor entre les parelles. I no parlo de les d'adolescents, que això encara em fa saltar les llàgrimes de joia, pensar en la innocència i el bri d'esperança que tenen les qui encara confien en l'amor i en relacions per sempre.

Em refereixo a aquelles persones que porten més de tres o de trenta-cinc anys juntes i que s'escriuen i es contesten merdes d'amor per Instagram. L'autèntica pornografia, el més íntim d'una parella, els sentiments, són abocats allà, a l'aparador del 2020, a l'abast de tot *cristo*. I penso, mira, que un dels dos sigui l'eixelebrat, encara, però que l'altre li respongui al mateix nivell, ja ho trobo de traca i mocador.

Foto de casats. Peu de foto: «Avui fa dotze anys que eres la meva millor elecció i et diria sí dotze vegades més». Doneu-me una bossa per respirar que m'entra basarda. I la resta de gent, que per no semblar una eixuta o una amargada, els felicita com si allí no hagués passat res.

Aquests són els matrimonis ben avinguts de debò, dels que compren tortell de nata els diumenges i el passegen per la plaça Major, agafant-lo per la punta, amb dos dits, com si fos la prova del mocador d'un casament gitano. Amb canalla impecable i vestits conjuntats, i ai que no s'embrutin que ningú ha pensat a agafar res de «persidecas». I que si es taquen, la mirada que li fotrà ella, farà canviar el temps, el dia i el país en un tancar i obrir d'ulls.

Perquè l'autèntica revolució no la liderarà ni Òmnium ni l'ANC ni hòsties, el veritable canvi d'actitud i de pensament de per vida vindrà per la mirada de les mares enfadades perquè les parelles no han pensat a agafar la roba de recanvi de les criatures en sortir de casa. Aquella és la cara de la revolució. I arribaran a casa amb el tortell i penjaran fotos des de tots els angles, tots menys el de la punyalada que porta ell clavada a mitja esquena, després que ella s'hagi follat la veïna del tercer sense cap remordiment.

Fotos de somriures postissos, com les dents, les pestanyes i els morros, però «Ai, petoneja'm fort que se'ns vegi feliços, carinyo!». El drama us arribarà el dia que la relació acabi i hagueu d'esborrar totes les fotos, quina mandra us farà! La mateixa que em va fer a mi el dia que vaig venir al vostre puto casament.

Exhibicionisme des d'aquell dia d'agost, amb una calor infernal que ofegava, i que vam haver de dir quinze vegades: «Quin dia tan preciós que us ha fet!». Per no dir que estàvem tots a punt de vomitar el vermut, pel tall de digestió dels 50 graus a l'ombra que hi havia en aquella masia de cartó pedra de Puigcerdà. Els casaments mereixen vuit pàgines de *Núvol* a doble espai i un servidor extern a l'edifici, per emmagatzemar tot allò que us diria, començant pel ball narcisista i acabant pels petons damunt de la cadira d'espectacle vergonyós.

A mi deixeu-me menjar el pastís de tres pisos, que és l'únic que m'interessa dels casaments, i viure en pau. I no pengeu més merdes a Instagram, que ja en tenim prou de patir veient gatets coixets, ungles que no es trenquen i serrells que no s'arrissen, perquè a sobre hagi de sortir a respirar al balcó a ple juliol per la hiperventilació que m'agafa en llegir les vostres frases. Li diries que sí dotze vegades més, eh? Va, home, va!

No em diguis princesa, digue'm presidenta!

Vaig anar a un parc temàtic. Mes de juliol, 50 graus, canalla cridant «Mama, mamaaaaaaaaa! Miraaaaa'm!!!» i vuit-centes personetes d'un metre deu esperant per saludar des de dalt del tren de la mina. Ja us dic ara que hauria preferit més un suïcidi assistit que aquell diumenge.

Escena 2. Cotxes de xoc. Mentre una nena conduïa, el seu pare va dir: «Has vist com agafa el volant? Ja condueix com una dona!». Seguit d'un riure esclatant de mofa. La meva filla de deu anys, que ho va sentir, em va preguntar: «Què vol dir "conduir com una dona"?». No vaig poder contestar, perquè m'estava imaginant com rebentava el cap amb un mall a qui acabava de dir tal bretolada masclista.

Però no m'estranya gens que totes aquestes coses encara perdurin a gent nascuda dels vuitanta cap aquí, si a hores d'ara, quan algú vol dirigir paraules amables cap a una nena, li diu «princesa» o «reina», i ja ni us ho explico quan s'acompanya de comentaris sobre tenir nòvio, i que per descomptat pressuposen que serà heterosexual.

Adjectius i comentaris que em rebenten. M'adono que són els mateixos que fa trenta anys, com si no hagués canviat res, com si no haguéssim fet prou feina, com si no haguéssim sortit prou vegades a manifestar-nos i a pensar lleis per evitar totes aquestes merdes.

De debò que a hores d'ara hi ha algú que gosa preguntar a una nena de deu anys si ja té parella? No se us remou l'estómac i la consciència? Com a mare, has d'anar a darrere a posar matisos com si parlessis amb gent de parvulari, dient que hi ha diverses realitats sexuals i afegir que potser és una mica jove per a tot plegat, aviam si li queda gravat a l'adult i de passada la criatura no veu que permets tal disbarat.

Si voleu omplir els silencis quan us trobeu la canalla, allò de parlar per parlar, preguntar per preguntar, us suggereixo unes quantes frases: «Caram, que gran estàs!», «Com va l'escola?», «Quines extraescolars fas?».

Hauríem d'obligar-nos a tractar les nenes no de princeses, sinó de presidentes. Un càrrec pel qual hauran d'estudiar, treballar, guanyar-se els vots i respectar. Per ser princeses, l'única condició és néixer amb cony i robar una mica.

No me'n cansaria, d'explicar-vos exemples que m'he d'afanyar a rebatre, justificar i desdibuixar perquè les nenes no vagin impregnant-se dels prejudicis ni dels preceptes que vam tenir nosaltres pel sol fet de ser nenes.

Però què esperem d'una societat que ha crescut veient la *Ventafocs*, on la noia no només és incapaç de rebel·lar-se contra una senyora maltractadora que no és ni sa mare, sinó que la salvació ha de venir de mans d'unes rates, ra-tes!, que li fan un vestit? I d'una fada que s'autoproclama padrina seva, que no ha fotut mai res per treure-la de la vida de minyona de semiesclavatge, que només apareix una nit, al cap de divuit anys, escandalitzada pels plors perquè no pot anar a un ball de societat?

De debò que una fada només et salva quan no pots anar a una festa i en canvi no ha fotut puto res mentre et maltractaven i abusaven de tu durant tota la infància? Amb aquests arguments i referents, no pots esperar-ne gran cosa, de la vida, si ets nena i tens cinc anys.

Però, *oh wait*, el pitjor és que la venjança i el triomf sobre les seves abusadores no arriba fins que la Ventafocs (de qui no en sabem ni el nom, un exemple més de menysteniment) es casa amb un home, òbviament, i ric. El missatge és clar: només et salvarà un príncep, una fada gandula que no existeix o una rata, però com a dona, i per tu mateixa, no pots fer res per canviar la situació a la qual la vida t'ha portat.

A mi, veneu-me un altre conte. Per exemple, el que podríem explicar a les nostres filles, el d'una presidenta que ha honrat el càrrec, que l'ha defensat i que ara està a la presó per una injustícia d'uns senyors dolents, però que en sortirà vencedora gràcies a la seva força i el nostre amor.

Sí, dormim separats!

Faristol, *outfit* perfecte i prova de micros. Com si fos el president Torra al pati dels Tarongers, però amb més maquillatge i més escot, he sortit al carrer, davant de la porta de casa, a fer un comunicat al veïnat: «Bon dia, he vingut a desmentir que la meva relació sentimental vagi malament. Sí, als vespres, tenim certes dificultats per una qüestió de temperatures: un vol la finestra oberta, l'altre la vol tancada».

La roda de premsa era per dir-los que efectivament dormim separats, però que no pateixin, que estem bé com a parella (de dos) que som. Han aplaudit. I jo he tornat a entrar a casa, sense torn de preguntes. Declaració contundent per acabar amb les especulacions.

Feia dies que teníem el veïnat inquiet, pendent dels nostres moviments. És el que té viure a l'estiu en un poble de 2.500 habitants: qualsevol passa és analitzada al detall i has de donar explicacions per tot, però no els jutjo. Els havíem donat motius. Els teníem desconcertats, apujant cada matí dues persianes. Llums que s'encenien d'habitacions que creien que eren buides, moviments de cortines a mitjanit... Doncs sí, a l'estiu ho fem així. I durant l'any, si poguéssim, potser també. Però no allò de canviar d'habitació a les tantes, inconscientment, fart d'aguantar que l'altre es mogui, ronqui, respiri o simplement existeixi. No, no, fer-ho amb tota la premeditació del món.

És llavors quan el més encertat és fer un «Apa, bonanit» i cadascú al seu llit, que això és *the new black*, el veritable futur de les relacions. Si volem que durin més de cinc anys, hauríem de dormir en habitacions separades i si l'economia ho permet, si pot ser, també amb banys separats, o pisos separats o ciutats separades i ja ni us explico la joia de viure vides separades.

Que no, que no cal veure'ns els matins sense maquillar. I no vull veure-us ni depilant-vos ni pixant, ni ara ni mai. On està escrit que s'ha de dormir junts per a tota la vida? Això de l'amor sí, que a cada casament que vas diuen: «Que la merda aquesta us duri per sempre i us respecteu i bla, bla, bla...». Però ni el capellà ni la jutgessa de pau fa cap referència a compartir nòrdic. Ni la Bíblia, ni la Constitució espanyola, ni el Codi Civil diuen res d'un llit de metre seixanta on n'hi han de cabre dos.

Que coi, que els europeus de veritat, els de Brussel·les cap amunt, que allà ja ho fan tot bé sempre i que són punters amb els temes del benestar, ja dormen amb flassades separades de fa anys i mira quin nivell acadèmic que té la canalla, per alguna cosa serà!

I com que ja m'he sentit còmoda en aquest paper de portaveu de les meves merdes, decideixo anunciar que a partir d'ara, cada divendres sortiré a fer un *update* de la meva setmana a la capital de la Baixa Segarra: que si marxo a treballar d'hora, que si un dia no vaig a dormir a casa... Ho anunciaré per estalviar patiments. Jo ja estic tranquil·la, no hi ha res més gran que al poble hi hagi rumors sobre la teva vida i saber que no són certs. Trepitjar la plaça Major sabent que tens la veritat absoluta és l'empoderament real, i de la mateixa manera que no em cansaré de veure els braçots del Marc Ribas remenant un bol amb salsa cada tarda d'estiu, no em cansaré de repetir-vos que estem bé, gràcies.

BON DIA, HE VINGUT A DESMENTIR QUE LA MEVA RELACIÓ SENTIMENTAL VA MALAMENT. SÍ, ALS VESPRES TENIM CERTES DIFICULTATS PER UNA QÜESTIÓ DE TEMPERATURES:
UN VOL LA FINESTRA OBERTA, L'ALTRE LA VOL TANCADA.

I ara ens quedarem sense estiu...

Matriarques catalanes

Aquesta setmana porto trasbals: faig anys i celebrem la «no-festa» major. I ara mateix no sé per quina de les dues coses treure'm la vida abans. Demà és la «marededeudagost» que a les 7 és fosc, sense sardanes ni concert de la Cobla de la Bisbal. Jo mai he sigut d'hiperventilar veient el cap de cartell, però enguany amb el panorama, prefereixo fugir.

Festa major són els peus *nyafrats* i la ressaca de vi dolent, és aquell amor-odi, patir per l'acidesa d'estómac però «ves, acaba't la crema catalana que només has fet un plat». És la mandra de sortir perquè el programa no té sorpreses i la gent forastera és la mateixa cada any passejant de bracet. És de retrobaments bonics i d'aquella venjança divina d'ensopegar amb exnòvios d'estiu amb sobrepès, colesterol i vuit criatures maleducades cridant pel carrer. Festa major és sortir de missa dient que cada cop som menys al poble i que aviat no hi quedarà ningú, i immunitzar la canalla per tot l'any amb l'aigua que s'hauran empassat a la festa de l'espuma de la plaça. La festa major és com la família política, que si no existís, tampoc passaria res, però sempre llueix més una taula amb unes quantes cunyades i totes les copes de la vaixella sobre les estovalles de fil blanc.

Ara bé, si una cosa bona té la «no-festa» major és l'alliberament de les matriarques catalanes. Que sí, que per molta igualtat de gènere, l'organització de la festa major de poble sempre recau sobre les governantes de la família. Són les encarregades de començar a caragolar els canelons a mig març, quan encara tens els panellets a mig empassar-te, i fotre'ls al congelador perquè el 14 d'agost tinguin temps d'intoxicar-se a la perruqueria a cop de laca i tint. Sí, fa mandra, però si ens organitzem com elles, els catalans ho podrem tot.

Més mandra devia fer transportar el Pantocrator de Taüll al MNAC amb sis dies i dues mules, que era el 1920 i no hi havia ni wifi ni aire condicionat! Fer un rostit i bullir una mica de pasta? Això no costa tant. Diu el Damià que allò de Taüll va ser per evitar l'espoli dels americans o la destrossa dels de la mateixa vall, en un atac d'aquells d'«això és vell i no val per a res»... Però tot ve a ser el mateix: tocar allò que no és teu sense permís. Digues-li art romànic del poble del costat, digues-li els pits de l'altra en un concert de festa major. Perquè som així, país de mirar-nos el veí de reüll i voler totes les coses de l'altre, fins i tot que ens facin els canelons i ens els portin a casa gratinats.

I si no s'ha de celebrar festa grossa al poble, tampoc cal que em feu una festa sorpresa per al meu aniversari. Ja sé que jo soc d'emocionar-me amb poca cosa i que quan veig un: «*Yoli, te quiero, vuelve conmigo*» al pont de les autopistes, se m'humitegen els ulls. Però aquest any, no vull celebrar res. Estic de mal humor i no em valen les bajanades que us heu inventat: «Que els quaranta són els nous trenta, que estem millor que mai, que *bueno*, que almenys ho podem celebrar, i ves que sempre és millor que en puguem sumar...» i merdes així que ni em consolen ni me les empasso. Doncs mira, jo en vull tenir vint i no quaranta i no cal que em truqueu el dia del meu aniversari perquè estaré *out of service* total.

A la taula i al llit, on hi mengen dos hi mengen tres

Titular del diari: «Unes 1800 parelles s'inscriuen cada mes al registre de parelles estables del Departament de Justícia».

Em sorprèn tot de la notícia. Primer, la quantitat de parelles. Que cada trenta dies, gairebé dues mil persones aconsegueixin anar *en sèrio*, em sembla una barbaritat tenint en compte que en tinc quaranta i encara no m'he casat mai. Segon, el concepte totalment antic de «parella estable» que em posa els pèls de punta. Jo no limitaria el nombre de persones per les noves formes de convivència amorosa, que ja sabeu la dita que allà on hi mengen dos, hi mengen tres. I tercer, vivint en un món on la gent canvia de mobles cada tres anys, no trobo que hi hagi la necessitat de certificar oficialment que el teu amor és etern.

Continuo llegint: «S'hi poden inscriure les parelles que hagin conviscut durant més de dos anys ininterromputs, que hagin tingut un fill en comú durant la convivència o que hagin formalitzat la relació davant de notari».

Mira, això de la notaria (no entenc per què l'expressió «davant de notari» és sempre en masculí), us ho compro, perquè tan car com és fer-hi qualsevol tràmit, em crec tot allò que surti de la seva boca, i escolti, si la notaria em diu que això nostre va *en sèrio*, li dic que sí i que a on s'ha de firmar.

Però això de «dos anys ininterromputs», què és? Per què dos i no tres? És que amb segons qui, amb un any, jo en tinc prou per saber que allò va *vientoenpopa* però amb d'altres, sé que viuríem cinc anys i encara em faria patir com una *perra*.

Una altra pregunta que se m'acut és: en quin moment decideixes o et consideren «estable»? Com es compten els anys de relació seriosa?

Com s'ho creu la funcionària que em registra que jo he estat dos anys ininterrompudament amb aquesta persona?

Jo proposo instal·lar, a l'entrada de casa, un comptador de relacions. Quan arribes, hi poses l'empremta dactilar, i si aquell dia no hi ha hagut *jari*, automàticament salta un bip que suma un dia més de relació estable. Si has roncat la nit abans, et resta, sempre, per molt perdó que demanis.

Després es podrien aconseguir punts per compensar, com ara, menjar-nos el cony a mitjanit o anar a comprar el pa acabat de fer a les vuit del matí i portar-lo al llit amb tomàquet, pernil ibèric, safata i reverència.

Ara, abans de tot, hauríem de fer uns aclariments per saber què suma i què no:

Aviam, els *findes* de sortir a putejar amb les amigues, això descompta? Jo amb l'alegria amb la qual torno a casa, després d'un vespre de sopar i copa, hauria de transformar-se almenys en dos mesos més de relació, perquè estic de bon humor i amb ganes de tot.

Els mesos de confinament amb la parella segur que haurien de comptar doble, un any per cada mes de tancament. I els que van quinze dies de vacances amb furgoneta? Això haurien de ser *perlumenus* com deu anys junts. A mi ja em perdonareu, però allò de passar les vacances dormint enganxada al sostre d'un cotxe, amb els fills esbufegant-te a l'orella tota la nit ha de ser el més semblant a ser enterrat viu.

Les catalanes no hauríem de necessitar que la consellera Capella certifiqui el nostre amor, n'hauríem de tenir prou mirant-nos als ulls i saber que estem en aquell llit per voluntat pròpia. Si canviem de roba cada temporada, de cotxe cada quatre anys i de criteri cada dia... realment necessitem que l'amor sigui ininterromput i per sempre?

El que tinc clar és que hi ha moltes formes de convivència de parelles i de trios i de famílies creuades, però els registres amb paperots només és per treure'n algun profit econòmic tard o d'hora. Amor i diners mai poden acabar bé.

Per cert, es pot registrar un amant estable?

Una merda de missatge

Avui m'aturo a pensar en quin moment hem canviat la trucada i el «t'estimo» per una emoticona d'una cara amb un cor que surt de la boca. Beneeixo la missatgeria instantània i l'odio, a parts iguals. Estic a favor dels missatges escrits abans que una trucada absurda i rutinària, ens estalviem temps i frases innecessàries... Però des de quan en Zuckerberg decideix per sobre dels nostres sentiments?

S'ha deixat de banda l'autenticitat d'utilitzar la llengua de Pompeu Fabra per dir el que sentim, a canvi d'uns dibuixos de laboratori, als qui atorguem uns poders sobrenaturals per dominar la nostra autoestima.

Quantes persones s'han sentit Beyoncé sortint d'una limusina després d'un cor d'Instagram o d'un dibuix d'un petó de WhatsApp? I, en canvi, què sentiríeu si us escrivissin: «m'agrades», «m'encanten les teves sabates» o «anem junts a les Borges Blanques»? Hauríem de deixar aquest sistema de comunicar-nos i dedicar-nos les paraules més boniques del nostre català perquè estem en un moment d'emergència sanitària, climàtica, però també emocional.

Pels nostres pares (mascles) els emojis han sigut eines per combatre aquesta discapacitat emocional que defineix la generació dels 50, de caràcter eixut, feréstec com un gat de masia, i que abans s'amputarien un dit que haver-nos de dir que ens estimen o que ens troben a faltar per escrit i ja ni us ho explico si ens ho haguessin de dir de viva veu. Però nosaltres, que tenim més recursos socials, hem de tornar a utilitzar la llengua per estimar.

I jo que soc de preocupar-me per tot, penso en els missatges que s'hauran mal interpretat per unes emoticones que no s'adequaven a allò que volies dir. En les oportunitats d'amor que s'hauran perdut per una coma mal posada, per un error tipogràfic o per enviar uns aplaudiments quan realment sentíem que el volíem enviar vermell i ben viu.

El català és prou ric per poder demostrar l'amor amb paraules i no dibuixets predissenyats. Que a Espanya hagin d'enviar una cara picant l'ullet, d'acord, però les catalanes podem escriure «Vull veure sortir el sol amb tu des de Montserrat» i això no hi ha emoji que ho superi. Perquè no us enganyeu, els dibuixos els envia una puta màquina i tant els fa arribar una senyora enamorada del Pla d'Urgell com una de Florida o del Kazakhstan.

Si a la vida real l'amor es demostra amb fets, a les xarxes es demostra amb paraules, trencant-nos el cap i sent creatives, no amb símbols que ha inventat algú en un despatx de Tòquio.

No deixeu a les nostres mans el fet d'interpretar què volíeu dir aquí i allà, que les catalanes no som de conflictes, però som de patir, que des del 1714 que celebrem derrotes, una caiguda d'una ciutat, l'abolició de les institucions i de les llibertats... I en el fons només era una qüestió de desamor, que Anglaterra ens va trair i Espanya ens odiava.

Així que el patir ja ve de lluny, però sempre trobarem algú que ens dirà que tot passa i que tot es cura: «Beu molta aigua, ves al mar o neteja-ho amb un drap humit». És la Santíssima Trinitat de resolució de tots els problemes. Per aquest ordre.

«I ara què faig amb la meva vida?» Ves al mar. Tinguis psoriasis, un disgust d'amor o un atac de pànic.

«I això com es cura?» Beu molta aigua. Tant se val si és un constipat, un mal de panxa o una febrada.

«Això com es neteja?» Un drap humit, sempre. Tant se val la composició, el producte, com si és una sabata de pell girada com un moble de roure.

Així que passarem un drap humit pel cor, beurem una mica d'aigua de mar i ens ofegarem en un got sempre que no tinguem un «t'estimo» al final de cada missatge.

Feu-me un monument d'or i brillants!

Des de l'1 de setembre que tremolo cada matí quan encenc la ràdio, reso perquè el Basté no obri amb una notícia d'última hora anunciant que la canalla no podrà tornar a l'escola el dia 14.

Per això m'encomano de genolls a la Moreneta cada vespre, per demanar que sigui ja dilluns i visualitzo amb llàgrimes als ulls com m'acomiado de les meves filles amb motxilla a l'esquena i dient adeu amb la mà des de la cantonada del carrer de sota. I sento com si fos una realitat, aquella llibertat de conduir per la C58, sabent que estan bé però amb aquell sentiment de culpa, que el cristianisme ens ha fotut com una llosa des que naixem. Perquè no hi ha cosa que més desitgi ara mateix que perdre-les de vista, però ai, ves, pobretes, quina merda de normalitat tindran.

No ens ensarronareu fent-nos creure que serem més bones mares fent *#homeschooling*, que aquesta pantalla ja la vam passar quan vam decidir deixar-les a l'escola bressol amb quatre mesos i tres biberons per passar el dia. Que ja en vam tenir prou amb la mirada de reüll de les bruixes del banc del parc que ens veien passar corrents a les vuit i cinc per anar a treballar. Elles, les qui se'ls queden a casa, però que, en canvi, no senten remordiments per encolomar-los als avis a dinar cada migdia ni per esllomar padrines a pensió completa els dies festius de lliure disposició.

Jo abans que tenir-les a casa em deixaria rebentar el timpà amb cançons infantils cantades per ties adultes que vesteixen petos de botons de colors i es pentinen amb dues cues. Que d'acord, que la meva canalla s'ha criat amb cançons de les Roba Estesa i jo ja ho tinc tot una mica més fàcil, però fa cent vuitanta dies que fem dinars i ja no volem fer-ho més.

La ministra d'Educació diu que busca la manera de tenir un permís retribuït o una baixa per als pares que s'hagin de quedar a casa amb fills en quarantena. A mi si em voleu donar la baixa, mateu-me abans, *en sèrio*. És imaginar-me per un moment dos dies més a casa servint Dalsys i Apiretals amb còfia i davantal, i només em venen al cap tota mena d'idees de suïcidi.

Si voleu fer alguna cosa de profit, munteu una organització de voluntaris amb totes aquelles persones que sí que senten la vocació en el fons dels seus cors per educar i tenir cura de la canalla, i envieu-nos-els cada vespre per si de cas l'endemà a les nou i deu ens els tornen de l'escola per quatre esternuts. Que sí, que les criatures les hem decidit portar al món nosaltres, d'acord, però jo no vaig firmar a cap *puestu* que els hauríem de tenir a casa més de sis mesos seguits amb braçalet de resort *todo incluido*.

I ara resulta que el rei emèrit tenia reconeixements a totes les ciutats, medalles d'or concedides per haver fet visites institucionals, vi-si-tes. I, en canvi, les mares catalanes que aguantem la canalla des de fa mesos no tenim res. Mereixem una estàtua o un pont d'or i brillants a l'entrada de cada poble de Catalunya, amb un cartellet que digui: aquí hi viu una *survaivor* del confinament amb quatre criatures i un gos.

No volem estar més esclavitzades a casa, ni quan plou! Que no hi ha ningú que vulgui estar al sofà amb manteta i un te calent mirant per la finestra mentre llampega, que el que voleu és sortir enfundades amb un vestit de cuir, baixant d'un taxi fent saltirons per no xafar els tolls, perquè al final del carrer us esperen les de sempre, amb cava fresc i tonyina de l'Adelf.

Catalana: els selfies, sense complexos!

Per fi s'acaba l'estiu i amb ell s'emportarà totes les frases estúpides en anglès que pengeu a les xarxes: «*Summer vibes*», «*Flow*», «*Be yourself*», «*Flawless*», «*Endless*», «*Start somewhere*»... I em pregunto: per què no ho feu en català? I per què no descriviu mai allò que realment hi ha a la foto? Penges un selfie amb tot el pitram i el missatge «*Good vibes only*» a sota, però sabent que en el fons del teu cor allí hi voldries escriure: «Mireu quins pits, moriu-vos d'enveja, putes, i tu, desgraciat que m'has fet *ghosting* tot l'estiu, mira'm bé que ni te m'atansaràs durant l'hivern».

Ens fa una mica de vergonya ensenyar coses nostres perquè tenim complexos, inseguretats i estem massa pendents dels judicis dels altres, i llavors ho camuflem amb frases *random* en anglès, per dissimular que acabem de fer un acte de narcisisme il·lustrat. Per què encara ens fa cosa penjar fotos de nosaltres mateixes si un dia ens sentim dives? Doncs perquè venim d'aquelles faltes d'autoestima, de les dues peces del trencaclosques que no encaixen des de P5, d'una infància plena de mancances i pocs petons.

Jo proposo, amb aquesta sinceritat i delicadesa que em caracteritza, reparar la nostra falta d'amor ensenyant tot allò que ens fa sentir bé sense miraments. Pengeu el cuixam, les vacances idíl·liques, les paelles acabades de sortir del foc, els dits dels peus a la sorra i els fills rossos, i qualsevol cosa que us faci feliç. Poseu-ho tot a l'aparador de les xarxes, amb la descripció que correspon per rebre'n la benedicció en forma de *likes*, sense por, perquè com a país ens necessiten fortes i decidides, perquè el futur és femení, sí, però és de donasses alliberades i valentes.

Que sí, que no patiu, que ens exhibim i ensenyem les nostres habilitats des del paleolític, quan ens pintàvem a les parets de les coves caçant bisons i recollint llavors. Sempre ens ha agradat molar als altres. I si ens mostrem sense complexos des de la prehistòria, per què ara feu servir aquests *hashtags* que no s'adiuen a la realitat? És un tema d'autodi de la llengua? Que ja ens hem cregut això que amb el català no es va enlloc i que el futur és l'anglès? O és que ens fa vergonya utilitzar el català per fanfarronejar? Jo crec que rere les frases en anglès hi ha falta d'amor cap a la nostra llengua, que sempre ha estat poc valorada i bastant maltractada, com la nostra infància.

Hauríem de celebrar uns Jocs Florals per trobar *hashtags* moderns i molons en català, etiquetes que no siguin carrinclones i que esdevinguin el referent del món en autoestima. Tornar a fer una Renaixença catalana del segle XXI. No podem seguir amagant les nostres mancances rere un «*love my job*» ni un «*sunday funday*», que els diumenges són per fotre's de fàstic i més si tens canalla a casa i a fora neva. El veritable triomf del poble de Catalunya serà el dia que aconseguim inundar les xarxes amb un *hashtag* català; el dia que Beyoncé obri un tuit o un post d'Instagram amb un #CaminsQueAraSesvaeixen.

Anar a dormir tard no és de pendó

Un cop superada la primera setmana d'escola sense que t'hagin enviat a casa cap de les dues criatures, arriba el moment de passar la segona gran prova: la cursa per ser la millor treballadora i mare de l'any. Perquè sí, amigues, per molt que anem amb el discurset que totes ho fem bé, sigui com sigui, sempre hi haurà la mala bèstia de tercer de primària que es lleva a les cinc de la matinada per contestar mails, preparar-se reunions, tàpers de la setmana i fer *spinning*. I a tu et fan sentir la més *vaga* del món perquè ja és un quart de vuit i no saps si tombar-t'hi i continuar dormint cinc minuts més o prendre't una caixa d'Orfidals i fer-te la morta perquè algú altre faci l'esmorzar de les teves filles.

Mireu, a les sis del matí només esteu llevades les que no sabeu dormir, les que teniu remordiments o les ionquis del món capitalista. Jo tinc la creativitat en alça a partir de mitjanit, i per molt que us ho repeteixi em seguiu fent sentir malament perquè des de sempre anar a dormir tard ha sigut de pendó.

Quan poso un peu a terra i penso que ja fa estona que aneu a cent per hora, fent d'esclaves del món, amb la pràctica de ioga acabada i preparant dinars de verdura bullida, m'agafen tots els mals possibles. Que també us he de dir que sé que ens enganyeu, perquè no em crec que amb aquesta intensitat de la vida, no us adormiu al sofà a mig telenotícies. Segur que sou de les que feu una migdiada de dues hores; aquesta xaladura no us dura fins a quarts de dotze, ni de broma. I jo de migdiades res, que no hi ha cosa que em faci més mania que aquella gent que es posa el pijama encabat de dinar i s'enllita fins a l'hora de berenar.

Avui és la una de la nit i encara surto connectada al WhatsApp per intercanviar opinions del meu articlet de *Núvol*, sabent que vosaltres al cap d'unes hores ja estareu maquillades i a punt de sortir per la porta, havent cremat 854 calories i despatxat tota la feina acumulada de la tarda anterior. I no, això no és ser *vaga*, això és ser selectiva, saber escollir bé, perquè a les cinc de la matinada no hi ha res de bo. Les millors coses passen sempre a la nit: les trobades d'amigues són per sopar, al teatre s'hi va a partir de quarts de nou, les inauguracions d'exposicions, les festes d'aniversari, les presentacions de llibres sempre són quan es fa fosc, i que sí, que a la nit tot llueix més.

O potser heu vist algú que es casi a les vuit del matí? Per alguna cosa deu ser. Només els batejos, perquè ja se sap que les coses cutres i desfasades es fan per a la gent que els agrada anar a dormir d'hora. I les cites? No hi ha cap situació romàntica organitzada amb cafè, llet i galetes. La fantasia és quan cau la nit, per sopar tot presta més i sempre pot acabar la cosa amb postres, cafè, puro i serpentines.

Reflexioneu, deixeu de refregar-nos per la cara tot allò que heu fet abans de la sortida del sol i aprofiteu aquesta hiperactivitat matutina de les rutines i del voler quedar bé per fer altres coses més profitoses, com treballar a estones per a alguna ONG. Jo seguiré llevant-me justa de temps i culparé la meva creativitat, però no faré promeses sabent que em duraran menys que un raper solter a ca les Kardashians.

Catalana, fot-li foc a la tardor!

Aquesta setmana ha començat la tardor i és moment de contractar nous personatges per a la pel·lícula de la nostra vida. Sí, amigues, és l'hora que entrin nous *maromos* en escena. S'ha acabat l'estiu i tanquem la segona residència, allà on s'haurien de quedar totes les coses per no tornar a obrir-les mai més: el puto amor d'estiu que ens ha amargat les vacances, aquell projecte que no s'acaba mai i que sempre es renova una temporada més, l'amiga del poble que sempre té drames i els cafès dolents perquè em dol comprar-me una cafetera nova.

És hora d'acabar la verema, plegar ametlles i collir olives. És el moment de més feinada per als pagesos de mig Catalunya en avall i l'hora que els del secà passin dies i dies al bar discutint si plourà o gelarà i poca cosa més. És dia d'obrir nous camps per fer prospeccions als límits dels nostres cors i valorar si aguantaran un disgust més. Amb la tardor s'obren infinitat d'ocasions per conèixer algú: aquells pares i mares de l'escola dels alumnes nouvinguts, els de primer de carrera que entraran als pisos d'estudiants, aquells contractes d'última hora a la feina o els nous que acaben d'entrar a l'espai del *coworking*.

És moment de nous fitxatges, d'obrir horitzons; necessitem cridar l'atenció i fer saber a tothom que estem disponibles. S'ha d'aprofitar el moreno de l'estiu i acabar de lluir la cama a l'aire, fotre les sandàlies en una capsa i treure les botes amb mitjons i *shorts*. És temps de jugar-s'ho tot, que de cop el Procicat diu que només podrem reunir-nos quatre persones en comptes de sis i ja ens han fotut la festa enlaire. I ara és quan s'hi val tot.

Ep! Tot, menys fer un Tiktok si passes dels vint anys. Que d'acord que jo soc partidària de fer el que vulguis amb el teu cos, de penjar el que et surti del cony a les xarxes, però el tema del ballar, deixem-lo als professionals de la dansa. Ja ho sé que jo m'atreveixo i que serveixo per tot, però cadascú ha de ser conscient de les seves limitacions. Mai em faria la declaració de la renda perquè ni tan sols em quadren les sumes d'Excel, ni tampoc faria PCR a la gent amb aquest pols que tinc, que sembla que m'hagi oblidat la dosi de metadona al cotxe. Per tant, no feu Tiktoks si aneu escasses de ritme.

Sí, la vida real és molt trista per fer *stories* sense música ni ballaruca, però pitjor és fer el ridícul. Simular amb la teva BB que esteu avorrides al sofà i que el millor que se us ha acudit aquella tarda és matar el temps amb una coreografia, gravar-la i penjar-la... Doncs això no, que tots sabem que estàs intentant exhibir-te com un paó, perquè estàs escalfant a la banqueta de fa setmanes per aquell imbècil del 3r 2a. I ho penges sabent que està de guàrdia, cansat i despistat, i faràs qualsevol cosa per coincidir amb ell a l'ascensor. Però, noia, t'ha vist ballar la Dua Lipa amb poca gràcia i has perdut tot l'encant que tenies.

Així que no perdeu la fe, que l'atzar és capritxós en temes d'amor i si ets tossuda encara més. No descarteu cap escenari: consultes mèdiques, sales d'espera, reunions de Zoom, la parada de la fruiteria o la cua per recollir nens a la llar d'infants. No abaixeu la guàrdia, sortiu sempre al carrer com si fóssiu la Nicki Minaj a la catifa vermella, que en qualsevol lloc podeu trobar l'amor aquesta tardor.

Empoderament

Maltractament artístic

He vist quatre vegades l'entrevista de l'Andreu Buenafuente a l'Elena Anaya, quan ell li pregunta per la suposada mala relació amb el director Woody Allen durant el rodatge de *Rifkin's Festival*, la pel·lícula que ella protagonitza. L'actriu li explica amb un somriure de pàmfila que va rebre comentaris despectius i que Allen la va enfonsar durant la gravació. Diu que la maltractava verbalment i psicològicament. I es queda tan ampla.

L'Andreu li contesta, incrèdul: «*¿Pero qué me dices?*». I ella segueix: «*Me destrozaba cada día de rodaje, pero le respeto y seguiría trabajando con él si me llamase. Es un maestro, un mito del cine, un genio [...] El primer día me dijo "it's awful!" ('¡Es horrible!'), eres la peor actriz de la historia del cine, no me creo nada lo que estás haciendo...*». Buenafuente, que no s'ho pot ni creure i amb ulls com a plats li diu: «Però vols dir que no ho deia de broma?». I ella justifica el director: «*Lo decía en serio. Es que tenía razón*».

Un moment, atureu-ho tot. De debò que normalitza un maltractament, no el condemna, i a més acaba dient que el respecta i que té raó? Traslladeu aquesta mateixa situació a qualsevol altra feina. Imagineu-vos un director d'un banc, mascle, dient-li a la caixera, dona, cada dia al matí que és la pitjor professional de la història, que no ha vist mai ningú atenent els clients així de malament i que és horrible com a persona. Això no seria motiu per a una denúncia per maltractament?

No ens posaríem les mans al cap de veure un senyor amb poder escridassant una treballadora davant de tot un equip?

Quina merda d'exemple donem a les nostres filles si s'explica per televisió i es normalitza una tragèdia així? Que si quan sigueu adultes el que us insulta és algú que us manté o que us paga, ho heu d'aguantar? I a sobre rient i justificant-lo. Les vexacions, les humiliacions i els crits a canvi d'uns minuts a la gran pantalla. Ah, que això és art?

El maltractador és Woody Allen, que se li permet perquè és un geni, perquè és un artista. Anaya li blanqueja el comportament com es va blanquejar el casament amb la seva filla adoptiva, quan ell tenia cinquanta-sis anys i ella, vint. Ves a saber des de quan passaven coses entre ells. No em vengueu que és una relació romàntica i que ha estat absolt de les acusacions: amb menys de vint anys no saps el que et fas i si un senyor trenta-sis anys més gran, que et fa de pare i que ha promès cuidar-te i educar-te, et toca i té relacions sexuals amb tu, això és un abús, un delicte, t'ho miris com t'ho miris.

Normalitzar l'abús de poder, l'abús sexual i el maltractament només pel sol fet que qui el duu a terme és un artista internacional és vomitiu. I em pregunto, què hauria fet l'Elena Anaya si aquest tracte li hagués donat un director novell d'un curtmetratge rodat a Albacete? Ja us ho dic jo, s'hauria aixecat i hauria marxat. Així doncs, la senyora ha vingut a la televisió a dir que el maltractament a canvi de poder, fama i diners no és tan dolent. Això sí, el 8M farà algun post d'Instagram amb un «*me too*».

I mentrestant nosaltres anirem a les manis i aguantarem que ens diguin feminazis mentre cremem *containers* perquè quatre desgraciats peguen a les nostres filles. I una actriu, a l'altra banda de la ciutat, surt somrient i empolainada a la televisió dient que un director de cine la maltractava, però, escolti, que no passa res perquè és Woody Allen, un geni. T'oblides de mencionar que és a canvi de diners i fama, Anaya.

Escorcolls de vagina amb permís

Avui, per primera vegada en vint anys, m'ha visitat una ginecòloga i abans de mirar-me el coll de l'úter m'ha dit: «Amb permís». Estem tan acostumades al fet que ens escorcollin el cony sense una paraula amable que m'ha sorprès. Gairebé li demano matrimoni.

Jo li he contestat que endavant: «Faci, faci, que és la seva feina». I allí amb les mans dins de la meva vagina, em seguia tractant de vostè, parlant sense diminutius ni eufemismes i m'anava explicant allò que m'anava fent com si els darrers vint anys no hagués passat mai per una consulta ginecològica.

Reflexiono en quin moment assumim com a normal que ens posin la mà a sobre, sense preguntar si poden fer-ho, només pel sol fet de ser un metge o una metgessa. I és que en temes d'òrgans sexuals, per molt que ens vulguem fer les *open-mindeds*, necessitem una sèrie de convencionalismes: saludar, somriure, preguntar pel temps, pels familiars i després procedir.

Potser el que hauríem de fer és posar-nos un adhesiu al cos de «Prohibit tocar sense permís», perquè ho entengui la gent; els homes, vull dir. Com els cartellets aquells que es posen al vidre de darrere del cotxe, «Nadó a bord», de gust dubtós i tipografies que fan plorar sang a qualsevol dissenyadora gràfica del país. Etiquetes, que en el millor dels casos, són en català del que grinyola i amb un missatge poc clar. Jo no he entès mai per què les porten. Què ens estan dient? Què hem de fer? Frenar? Tocar el clàxon i saludar? Jo quan veig un cotxe sense cartell no l'envesteixo per darrere, que també us dic, que segons qui fos, em vindria de gust fer-ho.

Ah, calla, que em diuen que és perquè quan tens fills, no vols morir. Escolti, jo tampoc vull morir a la carretera i no porto cartells ridículs. Però tornant a la clínica on estic amb les cames obertes de bat a bat, per primera vegada hi ha hagut alguna cosa més que aquells silencis i mirar cap al cel pensant «Ves què trobarà ara».

Han passat deu minuts des que he entrat a la consulta i li he vist la cara per primera vegada i ella està furgant al meu úter dient-me que tot sembla normal, i jo estic tan fresca perquè per primera vegada m'ha demanat permís buscant-me la mirada. Jo que feia vint anys que tenia el mateix metge i soc dona de costums, m'ha fet una il·lusió tremenda i li he dit que li dedicaria l'article de la setmana, i ella que no ha entès res, ni quan li he explicat de què treballava ni que tenia tres feines; però ha tret la mirada per sobre les meves cames i aquella bata de paper de fumar que et donen en entrar i ha fet com que somreia i m'ha dit: «Perfecte».

Així que la conclusió del meu Glòria Serra d'avui és que us busqueu un metge o una metgessa que us respecti i que us demani permís per tocar-vos ni que sigui l'ungla del peu, que si ho instaurem, aconseguirem que totes aprenguem que ni tan sols un professional et pot tocar sense el teu consentiment. Avui, la ginecòloga m'ha donat una lliçó: l'educació i el respecte pel cos comença fins i tot en els àmbits on és més normal no demanar permís. Doctora González de Campagnolo, als seus peus.

AMB PERMÍS...

Moreneta Resort, cures pel desamor

L'alcalde de Manlleu, sí, el que es va *tajar* i llavors va dimitir, es veu que va canviar d'idea després de rebre un bany de masses i de fer un retir al monestir de Montserrat.

Mani i Moreneta, «xic-xac curat» i ja tornes a ser alcalde.

Les dues coses més sagrades del nostre país et converteixen en indestructible: la força del poble i la benedicció de la muntanya més sagrada. Que sí, que a les teves hores lliures tens tot el dret de sortir a pendonejar i divertir-te, però ets un càrrec electe, has de donar exemple en tot i no et pots redimir dels pecats rere quatre tietes amb pancarta i una estada de dos dies amb la nostra verge més estimada.

Però jo no jutjo als que l'han perdonat, perquè Montserrat ens estova el cor a totes. Quan va sortir la notícia que havia fet un retir al monestir es va sentir un «Ooooooh» a tot Catalunya. I sabem que no hauria estat el mateix perdó si l'alcalde hagués anat a agafar aire al castell de Queralt o a mullar-se el clatell al riu Segre; Montserrat té *algo* que ens atrapa i totes ho sabem.

Però allò que més em preocupa és on va allotjar-se l'alcalde. L'última vegada que vaig tenir un disgust amorós volia passar uns dies a les cel·les i l'ensurt més gran no va ser descobrir que aquella tia me la fotia amb una rossa més alta que jo, sinó que la decoració de les habitacions era espantosa. I és que jo entre cortines i vànoves de mal gust no puc dormir, vaig haver de fer-m'ho passar a casa amb tres-centes sessions de reiki i dues caixes de Lexatins.

A Montserrat només pots reservar habitacions senzilles i de decoració austera, així que no et queda més que mirar cap a dins, al teu interior i redimir pecats. D'acord, si convé vaig a veure la Moreneta a peu i no me la toqueu que em moro, però en aquella cel·la sòbria jo no puc fer cap recés, que soc devota catalana sí, però fina i amb bastantes manies, també.

Des d'aquí faig una crida a totes aquestes empresàries que esteu forrades que *perfavort* invertiu en un hotelet spa mono per anar a fer els retirs espirituals a la muntanya més nostrada, que Montserrat tot ho cura: pandèmies, sequeres i mals d'amor.

Hauríem d'aprofitar aquesta crisi per fomentar-la com l'indret de cura del desconsol i convertir-la en el Lourdes de Catalunya. Unes estades curatives que serien l'actiu per remuntar l'economia catalana per als propers deu anys.

Tindria una UCI del desamor amb habitacions temàtiques, àrees de desintoxicació d'angoixa, sales de testimonis protegits, zona de massatges amb desfibril·ladors pel patiment, receptes gratis de Trankimazins pel *ghosting*, cures d'abraçades i petons de mà d'alguns voluntaris a hores convingudes.

Hem de convertir la Moreneta Resort en centre d'ànimes apunyalades, cors trencats i matrimonis fallits. Rebríem riuades de dones emprenyades pujant de genolls a Sant Benet per demanar venjança i munions d'homes descalços redimint pecats i demanant no tornar a cagar-la al proper missatge de WhatsApp.

I a mi, que encara em dura el disgust del dia que el morenasso de 1,85 em va plantar en aquella gasolinera de Jorba, amb un «No he estat mai enamorat de tu», només m'ho faria passar un bany al jacuzzi amb vistes a la Foradada o un pelegrinatge de senyores amb pancartes que diguessin: «Pontnou, sigues la nostra alcaldessa».

Sexe i cites en temps de cobrefoc

Aquesta setmana he après dues coses, que «toc de queda» es diu «cobrefoc» i que a partir d'ara les cites amoroses seran gimcanes impossibles. Amb l'ombra del toc de queda/cobrefoc sobre les nostres orelles i amb restaurants i bars tancats durant el dia, la pregunta que tenim sobre la taula és: on queden relegades les cites amoroses?

Sabem de sobres que no podem aparcar els assumptes del cor en temps de pandèmia, no podem deixar en pausa les trobades fins que la situació sanitària millori, perquè l'amor és l'únic que ens manté vives. Necessitem aprofitar aquests petits buits legals per *xoxonejar* (Carme Junyent, normalitza'm aquesta, plis) i intentar no morir-nos de la tristor. Ens estem consumint sense poder anar a les oficines, la gent teletreballa des de casa amb xandalls, fem malabars amb fills confinats i mengem tàpers de restaurants des del sofà de casa veient com a les cinc se'ns fa fosc. Si a sobre el ministre Illa ens prohibeix sortir a la nit, en quin moment gaudim de l'amor?

El toc de queda/cobrefoc ha de ser l'empenteta final per acabar-nos de decidir i tirar pel dret amb aquella cita que no ens atrevim a concretar. Perquè les catalanes som així, de marejar la perdiu, de dubtar, de pensar massa en què diran els altres, d'importar-nos què opinarà el veí si ens veu pujar amb un altre *maromu* a casa... Per tant, necessitem una pandèmia, i, sobretot, una amenaça de toc de queda/cobrefoc per deixar-nos anar la cabellera i organitzar una cita abans que et tanquin a casa de les nou de la nit a les vuit del matí de l'endemà fins passat Nadal.

Però com seran les cites amb el cobrefoc? Has de tenir un màster en organització d'esdeveniments, tres cursos de *wedding planner* i vuit anys d'experiència demostrable muntant festes infantils per ser capaç de quadrar el dia, l'hora, la durada, les persones i les excuses. A més a més de demostrar-li que t'ha agradat allò que t'ha dit portant una mascareta, unes ulleres de sol i un grapat de nervis a sobre.

Sense bars ni restaurants oberts, acabes induint la gent a començar la casa per la teulada i obres les portes de casa teva abans que les del teu cor. I això ja pressuposa massa coses. Les presses, en l'amor, no són bones conselleres i no acostumen a acabar mai bé.

Imagineu-vos el drama de fer fora un pesat de casa quan ja hi ha fotut el peu, s'ha tret la mascareta mentre t'ensenya un PCR negatiu amb una mà i amb l'altra s'ha servit una copa de vi. Si abans quedar amb algú ja era un esport de risc, ara com serà quan només podem quedar a casa, al cotxe o en un banc del parc?

Els enginys de la gent per dur a terme trobades amoroses haurien d'obrir el telenotícies, com tots aquells coneixements que hauràs de tenir a partir d'ara: saber els perímetres de la teva zona, saber quin és el seu grup bombolla, tenir la llista de les regions confinades, les hores d'entrada a la teva ciutat i un permís especial de l'Oriol Mitjà. Per tenir sexe en temps de Covid, has de ser una autèntica mànager en gestió, tenir una agilitat mental per mentir digne d'un banquer per fer front a totes les variables i executar-les a la perfecció.

Per primera vegada, Europa haurà fet alguna cosa útil per nosaltres. Gràcies per haver-nos donat la idea del toc de queda/cobrefoc, perquè per fi m'he llançat a la piscina i li he posat dia i hora a aquell tiarro d'ulls blaus que em va picar l'ullet l'últim dia de feina.

Posa tres russos a la teva vida!

No vull parlar de la injustícia i la venjança d'haver detingut a la nostra gent amb arguments inventats i inversemblants. D'allò que vull parlar és de la fantasia de saber que teníem deu mil soldats de Putin disposats a entrar a Catalunya. Diu la Guàrdia Civil que hi ha una trama russa que va oferir soldats i volia pagar tot el deute de la Generalitat per afavorir el Procés. A mi només em ve al cap imaginar-me senyors i senyores de metre noranta, rossos amb uns braços que ni els del Marc Ribas i és posar-se'm tots els pèls de punta.

L'ambaixada de Rússia ha contestat amb ironia a les detencions i ha dit que els avions per transportar els efectius estaven amagats a Catalunya. Mira, a mi no em doneu aquests ensurts. Ara que, si vam ser capaços d'amagar unes urnes, ja no us dic què podríem fer amb una munió de militars fornits. Proposaria que cada catalana adoptés quatre o cinc soldats fins que els necessitéssim per actuar per fer efectiva la República, que els tinguéssim a casa i que tant et poguessin obrir els pots de llegums, com passar el drap, com escortar-te fins a l'escola per acompanyar les filles o et fessin el llit, en tots els sentits.

Un regal per a les dones i els homes catalans, per a tota la comunitat hetero i LGTBIQ+, que ho viuria amb joia i emoció. Seria un dels motius pels quals justificaria mantenir les saunes obertes en temps de pandèmia, el lloc per amagar deu mil persones i *lo que surja.*

ADOPTATS!
TOTS TRES!

Tot i això el manament judicial diu que Puigdemont no ho va acceptar. I si ho haguéssim acceptat? Ara mateix Catalunya seria la Suïssa d'Europa en avall. Us en feu la idea? Si ja tenint Montserrat, les platges de l'Ampolla, els préssecs de Lleida, els carquinyolis de l'Espluga i el safrà colomí, som la puta hòstia, imagineu-vos un país amb milions de criptomonedes, una selecció esportiva catalana i sense deutes hipotecaris ni mancances afectives. Ploro.

El que més em molesta de tot això, a part que m'hagin tret l'oportunitat de tenir a casa uns quants soldats forçuts, és que parteixen de la premissa que el procés independentista no pot ser un exercici d'intel·ligència col·lectiva catalana sinó que l'hagin d'atribuir a un altre país. Que ja sabem que tot allò que ve de l'estranger sempre dona més credibilitat: articles publicats a la revista *Science*, carreres amb un curs d'Erasmus, recerques mèdiques al MIT, els experts alemanys, la tecnologia japonesa...

Doncs no, deixeu-nos per una vegada penjar-nos medalletes al poble català, que un cop a la vida estem orgulloses de les nostres coses i ens ho heu de deixar gaudir, tot i que encara no ho tindríem del tot enllestit. Que ja n'hi ha prou de la catalana acomplexada! Que mai fanfarronegem de les nostres gestes ni dels nostres èxits, perquè sempre hem sigut de tarannà discret i modest. Però això ha de canviar si volem la República catalana, perquè ha de ser capitanejada per una tropa de dones fermes i decidides. No pot ser que per una vegada que fem coses grosses se n'hagin d'acabar atribuint l'autoria i el triomf uns senyors russos.

El Procés és nostre! I els soldats, també.

Al teu cotxe o al meu?

A mi, que vaig tenir una adolescència i una joventut exemplar, em peta un cable quan em renyen per tot. Que si arribo a casa més tard de les deu, que si em prenc un cafè pel carrer, que si som més de sis a casa dinant... M'ho esteu prohibint tot més ara que quan tenia divuit anys i ja entenc que no pugui canviar de país, ni fotre la *putescelebritiesparty* de la setmana, però que no em deixin passejar per un parc natural un diumenge, això ja sí que no.

Em trobo a divendres i la màxima expressió de llibertat que tinc és pintar-me els ulls com si fos una protagonista d'*Euphoria* i conduir en bucle dins del mateix municipi fins a les deu de la nit. El cotxe s'ha convertit en l'únic reducte de llibertat on pots anar sense mascareta, portar els llavis pintats, cantar, menjar i beure i si molt m'apures també tenir-hi sexe, sempre que no siguis primmirada ni facis més d'1,70.

Fa dues setmanes em preguntava com quedarien les cites amoroses en temps de cobrefoc, i ara les persones solteres i les fugitives de matrimonis podrits m'expliquen calamitats de com s'ho fan per quedar. Ja no saben què més empescar-se per poder quadrar els horaris del cobrefoc amb els arrestos municipals de cap de setmana, les rentadores amb les hores de recollir canalla a l'escola i al mateix temps complir les obligacions laborals i les citacions judicials; ja no els queda temps lliure per poder trobar un racó per donar llibertat a l'amor desfrenat.

Em parlen de les cites dins del cotxe i tot semblen avantatges: l'espai és petit, íntim, acollidor, de pell, ventilat i sense agents externs que distreguin. Però precipites la situació a anar directe al sexe en el cas que t'agradi la persona i a la incomoditat més absoluta en el cas que no et faci el pes. Abans de la pandèmia, teníem quatre-centes cites abans de procedir a qualsevol escena íntima: la de fer el cafè a mig matí pels poc valents, la dels dinars pels que volen el test de llum de dia, la dels sopars pels més agosarats i la de copa pels que volien fi de festa amb serpentines i confeti.

Són, doncs, més directes i més íntimes les cites en temps de pandèmia? Estem precipitant-nos a tenir trobades ràpides i no donem marge al dubte ni a la imaginació? En part està bé, perquè t'estalvies molta tonteria i aquell sentiment de dependència que s'anava creant setmanes abans, amb missatges i converses que quedaven en res. S'allargava l'agonia i el desig, tot plegat per acabar al llit i trobar-te una tragèdia i adonar-te que havies perdut el temps; el temps i la dignitat, que ara tens un costum de merda d'escriure-l'hi cada matí i no hi ha qui te'l tregui.

Ara, amb aquesta clandestinitat forçada, passes directe a la cita íntima i a la possibilitat de sexe de 80 sobre 100. I si vols més estona amb algú, et caldrà fingir que sou grup bombolla o parella o companys de pis i fer-lo entrar a casa teva fins a l'endemà a les sis del matí.

Aquestes cites llampec seran com un curs accelerat de matrimonis. El mateix dia compartir llit, bany i esmorzar. Suficient per saber si val la pena sexualment, si la persona és neta i si menja saludable. Els tres grans *hits*, els tres indicadors d'un possible candidat a passar el proper confinament i *lo que surja*: sexualitat, neteja i alimentació.

Les figaflors catalanes, una espècie per extingir

Només hi ha una sola cosa que em té entretinguda aquests dies i és el plaer infinit de veure la *desquiciada* que porten les figaflors catalanes davant la prohibició de les relacions socials amb els avis. Les miro amb delit pensant com s'ho fan per sobreviure en aquest terreny hostil que es diu «dia a dia amb canalla, sense avis ni sogres per esclavitzar». Sé que pensareu que soc una cínica, però em diverteix tant pensar com s'ho deuen estar passant les gandules que han viscut els primers anys de la canalla explotant la parentela perquè faci la feina que els pertoca als progenitors!

Les figaflors catalanes són una espècie que perdura al llarg de les generacions, repetint patrons. Són aquelles que no treballen o treballen molt poc, i que a sobre tenen un exèrcit d'avis a la seva disposició, que per torns els recullen les criatures a l'escola, se'ls emporten a dinar al migdia, els fan els berenars, els reparteixen per les extraescolars i les festes d'aniversari i els pugen les maletes als autocars de les colònies.

Són les figaflors a qui porten tàpers de caldo els caps de setmana, croquetes els dies festius, i a qui els cuinen entrants i postres quan tenen convidats a dinar perquè elles s'atabalen només de pensar que han de parar la taula. Es cansen només de dir que són quinze. Les reconeixereu perquè acostumen a portar els mateixos *looks* que les seves mares, imitant tallades de cabelleres i estils de roba.

La màxima diversió és quedar un cop l'any amb les amigues de l'institut per poder-se criticar un cop acabada la vetllada i viure la resta de mesos esquarterant la resta de companyes. Són les que fan servir el *satisfayer* però amb comandament a distància, per regalar la direcció artística dels seus orgasmes; mandroses fins i tot per donar-se plaer en solitari.

Aquella cara que fem algunes quan falten cinc minuts per a les cinc de la tarda, no és pas de l'angoixa de saber si han acabat de recomptar els vots de l'estat de Nevada, sinó perquè arribem tard a recollir la canalla a l'escola. Una sensació que mai tindran les figaflors que estan a aquella hora acabant-se el cafè en algun bar del centre mentre esperen que obrin per fer-se les ungles.

Són de les que diuen que la Thermomix els ha canviat la manera de cuinar a casa seva. La secta. Desconfieu de qualsevol cosa que us venguin que impliqui que hagi de venir un senyor a casa a explicar com funciona: Thermomix, religions vàries, homeopatia, flors de Bach... Si t'han de venir a fer un tutorial a casa, mal senyal, algun *enredo* gros deu ser. Com quan una amiga diu que no t'ho pot explicar per telèfon i que ve a casa. Prepara't, perquè l'ha *liat* segur.

Amb les vacances de Nadal de la canalla a tocar, s'ho hauran de fer tot elles, a dividir al 50 % amb l'anganot amb qui comparteixin vida, algú que sempre és el primer de sumar-se a la festa de «que et facin tot *lo* de la canalla, i així tenim l'excusa per no fotre brot». El drama el tindreu quan hagueu d'aguantar els vostres fills de 9 a 13 i de 17 a 19.30 sense llum de dia i el sucre del berenar els hagi fet embogir fins passades les deu de la nit.

Potser és moment d'interpretar que el virus és un senyal del més enllà, que no pots ser una bleda assolellada una generació més, i que ja n'hi ha prou de tanta explotació. Que repetireu curs de segon de vida fins que no hagueu fet la verdura dels vostres fills dos mesos seguits per any viscut, fins que no els hagueu recollit a l'escola un 40 % del total de la seva etapa escolar i fins que no hagueu passat vint hores mensuals al parc infantil del barri.

Casaments en crisi i 'sex buddies' en alça

Avui llegeixo que s'han inscrit un miler de persones al saló virtual de nuvis de la Fira de Lleida. UN MI-LER. I em pregunto, qui coi es vol casar avui en dia? Ja per començar, amb el panorama que tenim, que ni festes de més de sis persones ens deixen fer, realment penseu que el 2021 podreu fer una festassa per a cent cinquanta persones? Això és viure de la fantasia.

Ah! Que em diuen pel *pinganillu* que el que voleu és una celebració íntima. Doncs no necessiteu pas visitar una fira per acabar fent quatre merdes nyonyes i comprar un vestit bastant lleig que només us posareu un sol dia. Ostres! Ves que no sigui que us caseu pel regal, eh? Ah, que em diuen que tampoc, que no ho feu per la pasta. Que ho feu per compartir un dia amb els amics i celebrar l'amor i la vida i bla, bla, bla...

Aviam, deixeu-me un moment que faré una llista de casoris als quals he anat i que no han acceptat regals ni diners: CAP. Segueixo llegint la notícia: «Aquest any els casaments han baixat un 40 %». Per quin motiu? Perquè no hi ha cap persona de la Terra amb qui es pugui confiar i que sigui prou valenta per encarar una relació estable? O potser perquè no es pot fer la gran festa de la recaptació?

Si us voleu casar, aquests dies ho podeu fer en la intimitat. De fet, el veritable compromís és fer-ho durant la pandèmia i acceptar com a persona amb qui compartir la resta de la teva vida aquella cosa que s'arrossega en xandall i sabatilles pel pis de dalt com una ànima en pena. Ara és el moment de demostrar el compromís davant la mirada trista d'una regidora i d'una sala humida amb mobles rescatats de Wallapop. El moment de ser conscient que la notícia del teu casament serà la número 5 en l'escala d'interès dels vostres amics i, per fi, experimentar en primera persona aquella cosa tan catalana de viure cap endins.

Casar-se enmig de valoracions de corbes d'infecció és de valents, més que esperar a «que tot passi» per fer el gran convit. I si ho penseu bé, tot són avantatges. Us estalviareu de convidar mitja parentela per ser població de risc i sobretot la tieta Dolors, que menja per vint i que només venia a xafardejar. I sense oblidar els tractaments de bellesa previs que us enreden per fer als nuvis, que amb la mascareta només amb una bona depilació de celles i un *eyeliner* infinit en tens prou. Però em temo que allò que més us agrada és embolicar la troca, exhibir-vos i passar el platet.

El veritable compromís és ser-hi sense paperots i no amb una festassa que esteu planificant mentre camineu virtualment pels passadissos de la fira fent comptes mentals de quant recaptareu per cap. Però penseu-vos bé això d'estar sempre amb una mateixa persona, que si ja ens hem *agobiat* amb un tancament perimetral de municipi de cap de setmana, imagineu-vos passar cada diumenge de la vostra vida amb la mateixa parella fent rutines de merda.

Si el que teniu és por de passar un possible futur confinament en solitari, als Països Baixos han creat el *sex buddy*, on persones aïllades soles poden tenir la visita d'una altra persona per tenir només sexe i companyia. Un acord, una mena de contracte firmat per les dues parts. En català han fet la carrinclonada de traduir el concepte com a «company de moixaines», una paraula preciosa, sí, però que l'últim que té implícit és qualsevol cosa de caràcter sexual. És veure la paraula «moixaines» i imaginar-me un gat que se'm refrega i poca cosa més.

Si una cosa hem de fer amb moixaines o *sex buddy* o casaments de conveniència és posar les coses clares ja des d'un bon principi per estalviar patiments, malentesos sanitaris i emocionals. I quan tornem a la normalitat, a la de veritat, serà moment d'enderrocar mites; que els jerseis barats fan boles, que els cabells llargs i els talons estilitzen i que els matrimonis són per a tota la vida.

Aristòtil, poligàmia i Fendi

Tornant de la presentació del llibre de la Montse Barderi, *Manual d'amor aristotèlic per a dones del segle XXI*, em pregunto com he pogut sobreviure sense llegir res d'ella. Comparteixo totes les seves teories. Ella ho escriu bonic i jo a vegades intento dir el mateix però amb un llenguatge *xavacà*. Ho farceixo amb quatre renecs i dues bretolades i m'ho publica a *Núvol*, amb molta fe, aquell senyor que va estudiar a Yale. Em quedo amb la definició de l'amor que va fer Aristòtil: «És l'encontre de dues (o més) persones nobles que es volen el bé».

Parla també del «culte a l'emoció», la muntanya russa emocional que ens agradaria passar després de vint-i-cinc anys de matrimoni i dos de xoxoneig, per acabar trobant un amor insatisfactori o bé experimentar quatre petons robats dins d'un cotxe, amb el marcador en contra durant el temps afegit del descans d'un dinar de feina. Poc temps, sí, però prou per xutar-te l'autoestima necessària i tirar d'ego un mes seguit. I enfilar-se sobre aquells talons que en caminar et fan semblar un cérvol acabat de néixer i pensar que ets Beyoncé saltant de la limusina per entrar a Fendi a comprar-t'ho tot.

Surto de la presentació adonant-me que els catalans som uns antics, per molt que tinguem la casa domotitzada, cotxes que ens porten a la fi del món sense conductor i vestim del Josep Abril; perquè la Barderi ens explica que el model amorós encara segueix sent molt antic, basat en l'amor monogàmic.

Ja ens agradaria a molts poder tenir un amor lliure, però per exercir la poligàmia s'ha de partir d'una base d'autoestima (que ens falta a la majoria), molt respecte per a tu mateix (i per als altres), educació i sexe, sobretot, molt sexe.

Amb la poligàmia es poden tenir relacions sexuals profundes sense complicar-nos la vida, o bé tenir una relació profunda, intensa, sense res sexual i capgirar-te el món. Són aquells cossos que no has tocat mai, però que els tens apamats de tant desitjar-los suats a l'altra banda del teu llit. I no sé pas quina voldria de les dues perquè qualsevol d'elles ens farà patir segur. Tan sols se m'acut que, per poder gaudir de la poligàmia catalana, abans hem de tenir a mà una vacuna per a l'enamorament descontrolat.

Ara que ressona pertot arreu l'arribada de la Moderna, demano *perfavort* que es treballi en la direcció de trobar un antídot ràpid per a la desil·lusió i els patiments. Ja sabem com funciona el contagi del coronavirus (més o menys), però els alts i baixos amorosos no, que un dia li demanaries matrimoni i tatuar-te el seu nom entre pit i pit i l'endemà no voldries que et toqui ni amb un pal. La poligàmia pot enredar-ho tot, que de cop t'has enamorat i no saps ni d'on t'ha caigut aquell sentiment. La ràbia que et fa haver arribat fins aquell punt que no et reconeixes ni tu mateixa i llavors t'entra la *bajona*. I ja sabem que amb els disgustos, el sistema immunitari fa estralls i amb poques defenses no pots fer més que pillar qualsevol constipat. Digues-li angines, digues-li otitis, digues-li Covid.

Proposo que primer es treballi per la vacuna del patiment, per tal de poder gaudir tranquil·lament quan ens decidim a provar la poligàmia i després ja arribarà la de la Covid. I que sobretot estigui subvencionada, perquè no podem permetre que sigui una opció només per a uns quants; que a més de les clatellades d'IVA i d'impostos que paguem els autònoms, encara hem d'assumir factures de dos mil hores de psicòlegs de capçalera.

Aquest any no tindrem Nadal

No tinc ganes de parlar de Nadal

No tinc ganes de parlar de Nadal com ho està fent tothom aquests darrers dies, fent càbales i algoritmes de com organitzarem els dinars familiars. A mi deixeu-me amb el meu grup bombolla i quatre amigues, que ja en tinc prou per fer-me passar el mal humor fins a finals d'agost de l'any vinent. Amb totes les restriccions ens estalviarem de buscar excuses per no fer aquelles trobades anuals amb gent que et fa mandra ni tampoc ens trencarem el cap pensant menús per als vegetarians, celíacs, al·lèrgics i resta de *tiquismiquis* que fan de l'escudella i la carn d'olla el blanc de tots els seus odis.

A quinze dies de les festes m'adono que a mi encara em queden històries de l'estiu per tancar, començant per desar el nòrdic prim que fa un mes que és sobre la calaixera, passant per canviar els abrics gruixuts d'armari i acabant per oblidar la rossa que em va plantar a principis de juny. I amb tot això per fer, se m'acumula la feina com un tap; i si li sumes quatre disgustos de feina i dos fracassos de les últimes cites, em queda un desembre de Lexatins i compres compulsives que no en voldràs dos d'iguals.

No sé si tinc angoixa o emoció de pensar que d'aquí menys de vint dies m'he de vestir amb lluentons i que per primera vegada no tindré sopars d'empresa, que sempre és d'agrair si és per no tornar a veure la companya vulgar que combina vellut amb daurat i orelles de *renu* del basar oriental. També ens salvarem de trobar fotos durant vint-i-quatre hores a les *stories* d'Instagram del nostre comportament lamentable tirant la canya al nou de l'oficina amb vuit copes de més i el vestit sense cordar. Sense sopars d'empresa ens estalviarem perdre la dignitat i el temps havent de pensar un estúpid regal de l'amic invisible. Ho podrem dedicar a altres coses més profitoses, com assajar per fer el caldo de Nadal; aquest any, sense pares ni sogres, haurem de començar a practicar amb la gallina morta des d'avui mateix.

Si la solució és fer el dinar de Sant Esteve als jardins, patis i terrasses catalanes, no m'imagino on quedaran relegats els vestits de lluentons de tirants i *palabra de honor* que ens han intentat vendre cada any. Si per anar a dinar a ca la sogra jo ja no els veia viables, imagineu-vos ara a –2 graus a Santa Coloma de Queralt i aquella boira de la Panadella en amunt que fa que la sensació tèrmica sigui de –25. El que sí que agrairé, en el meu Nadal heteropatriarcal, és que ja no hauré d'aguantar els versets de la canalla de la família, fent cara de joia i felicitat, quan realment el que voldries és beure tota l'ampolla de vi d'una tongada i tirar-te al sofà a remenar l'Instagram del teu *crush* fent figurera (=*postureo*). També m'estalviaré haver de fer elogis d'aquelles manualitats que els nebots et porten de l'escola, i col·leccionar postals de felicitació fetes amb macarrons pintats, mal gust i quatre filtres de Photoshop. Tampoc ens caldrà mirar el seu pessebre, que han muntat amb pastors desfigurats, una vaca escapçada i un riu de paper de plata ridícul i arrugat.

Jo enguany soc més de voler que cadascú dini a casa seva. Així podràs anar-te arrossegant de la taula al llit sense la mirada de reüll del teu germà, sabent que allò que t'ha fet mal no són les gambes de ta mare, sinó els gintònics de la nit abans. Mentalitzem-nos que el millor és que ens confinin per no haver de quadrar agendes, ni aguantar drames de parelles que es parteixen les festes, ni mares enfadades ni tiets borratxos; ni caldrà comprar regals, que amb un Bizum n'hi haurà prou. Els pares ho agrairan i nosaltres també. Tot serà més simple i més senzill i ens estalviarem la meitat de discussions.

Jo m'he fet els pits, i tu?

Aquesta setmana passada va aparèixer una foto de la Julianne Moore banyant-se al mar amb el titular «Estupenda als seixanta anys». Els *haters* es van afanyar a dir que té una munió de persones treballant al seu servei: entrenadores, metgesses estètiques, perruqueres i professores de ioga que li permeten estar així. Després hi havia les resignades i fartes de crucificar-nos, cridant que envellir és natural i que acceptem-ho. I per últim les envejoses com jo, que vam pensar: jo també vull estar com ella.

Sempre és així cada cop que surt algú fent goig: unes contra les altres, esquarterant-nos entre les que lluitem per no envellir i les que pregonen l'acceptació del declivi natural del cos. Per començar, estèticament, estar envoltada d'assessors no t'assegura res. Tenim un fart d'exemples de polítics que en tenen i surten fets un nyap. També hem de tenir en compte que som molt *vagues*, i segur que si tinguéssim la meitat de gent treballant per a nosaltres, ens fotria una mandra immensa fer-ho tot. Per tant, partim que no és qüestió de pasta, sinó de voluntat.

Dit això, ja és gros que en un món prou complicat per les dones, a sobre, ens criminalitzem pels retocs estètics. Però què és considerat un retoc? A Twitter volta una foto de la Marisa Tomei amb arrugues a la cara als seus cinquanta-sis anys. Totes dempeus aplaudint: «Surt estupenda sense planxar-se el front!». Però miro la foto amb lupa. Porta les pestanyes llarguíssimes i espesses, els llavis brillants, els cabells castanys fosc i les dents blanquíssimes. Si ens posem primmirades, tota la foto és artificial, fins i tot la il·luminació. Llavors, quin és el límit per ser considerat un retoc estètic? Botox, fils tensors, implants de cabells de Turquia, empastaments de queixals, tint, laca, sostenidors... Si això ens serveix per veure'ns millor a nosaltres mateixes, s'entén que tot és imposició estètica. I quin és el límit per donar bandera verda a criticar-nos? Si ens posem exigents, hauríem de deixar de tenyir-nos, de maquillar-nos i fins i tot de vestir-nos.

Gastar-te una fortuna en cremes està ben vist, però gastar-te la meitat en un vial de Botox, ui no, eh. És de sensata envellir naturalment i en canvi de forassenyada voler anar contra el pas del temps. És tanta la pressió que ens fotem, que s'acaben emmascarant els mateixos tractaments amb eufemismes, tot per no ser jutjades. «M'he fet una hidratació», «Són massatges amb uns corrents», «Em prenc unes vitamines»... Amigues, publiquem els vídeos de les punxades amb la mateixa naturalitat que les de les galetes de gingebre que esteu fent aquests dies i veureu com ho normalitzem tot plegat.

Si acceptes que t'has fet retocs estètics per salut, la gent et fa un aclucar d'ulls de comprensió. En canvi, si ho has fet per estètica, llavors prepara't:

—M'he operat els pits. (Silenci.)

—Ho he fet per salut.

—Aaah.

—Ho he fet per estètica.

—Jo és que penso que...

Estètica és autoestima, senyora, és salut mental.

Tots els retocs, les operacions, les punxades, les cremes, els rímels, les ceres depilatòries, les muntures d'ulleres, l'abric impecable i les botes noves... Tot són elements per enriquir la teva imatge, per crear la teva identitat, per sumar punts a la teva autoestima i, al cap i a fi, per tenir una bona salut mental. Que amb el temps, dos o tres o cinc fills, un gos, un gat, la mateixa parella de fa vint anys i una menopausa al primer revolt (=*vuelta de la esquina*), només falta haver-nos de preocupar per envellir naturalment.

Així doncs, quina diferència hi ha entre gastar-se 200 euros amb unes Tom Ford o amb 4 ml de Teoxane, si no els has robat a ningú i treballes més hores que un rellotge? I no us vull sentir dir que s'ha de passar pel quiròfan, que això és d'*antas*, avui dia triguen menys a punxar-te el front que en donar-te hora per fer-te uns *underlights* als cabells.

És tan lícit respectar que la joventut no es vulgui depilar com que les que passem dels quaranta ens vulguem punxar hialurònic a tota hora amb la doctora Lladó. Totes dues coses són per sentir-te meravellosa i no hi ha cap llistó que serveixi per mesurar com en som, de *fakes* de la genètica.

No podem acceptar que hem d'envellir naturalment, perquè envellir no és qüestió només de quatre arrugues. El declivi del cos té molts matisos. Sense l'estètica en totes les etapes de la nostra vida i en tots els àmbits, als cinquanta no ens quedarien dents per culpa de les càries, tindríem els cabells blancs, aniríem despullats o en el pitjor dels casos hauríem mort d'un refredat mal curat. El món evoluciona i hem de començar a deixar de banda aquests debats i dedicar-nos a pensar i a opinar de coses més útils, com per exemple, la recuperació de l'ossa bruna dels Pirineus.

El fanfarroneig català

M'he comprat un cotxe de ca l'ample i em fa vergonya ensenyar-lo i dir-ho, perquè les catalanes podem ser moltes coses, però fanfarrones, no. Quan ens comprem qualsevol cosa ens hem d'excusar sempre, perquè som país de justificar-nos per tot. Quan estrenem cotxe, ens afanyem a dir que és una oferta o bé que el teu d'abans era molt vell i que, és clar, ja tocava un canvi. Mai diem la veritat: «He pencat com una burra tot el que m'ha deixat aquesta merda d'any i ara m'ho gasto en allò que em surt del cony».

Però tots, en el fons, som una mica aquells que buscaran el preu per internet i faran càbales per saber com l'has pagat: que si herències ocultes, que si deus haver posat mà a la caixa de l'empresa, que si te l'ha comprat un nou marit i diverses teories més pròpies d'una sèrie de conspiració que de la *fucking* realitat, perquè l'últim dels pensaments serà que treballes per sobre les teves possibilitats i que te'l mereixes.

Però som així, evitaràs aparcar-lo allà on el puguin veure els teus amics, per no passar vergonya ni que pensin que pretens fer-ne ostentació. Sense mencionar que tens pluriocupació de fa mesos i una ansietat de 8 en l'escala de Richter per arribar a tot arreu a temps. És la mateixa manera d'actuar dels catalans quan tenim convidats a casa, quan cuinem per als nostres familiars i amics. Jo que soc de tenir la taula sempre a punt per a tothom, cada cap de setmana, amb un rostit a foc lent durant quatre hores i cinquanta entrants per escollir, segueixo entomant amb certa vergonyeta quan m'elogien. La meva resposta? «Ui!, doncs és facilíssim de fer!»

I així generació rere generació, ens anem traient mèrits: que si es cuina en un moment, que si només són quatre ingredients, que si li donem dues voltes a la cassola i ja ho tenim, que si va tot al forn i un raig de conyac i au... Mai diem: «Doncs porto tota la tarda sofregint ceba per a vosaltres, he anat quatre cops al mercat i fa sis dies que no dormo rumiant el menú».

I els convidats, que es presenten amb una ampolla de vi caríssim i unes postres delicioses, i els ovaciones per la seva aportació: «Ostres, aquest vi és boníssim!». I què et contesten? «Sí, la veritat és que la relació qualitat-preu està rebé.» O bé l'opció dos: «El compro al celler, que em fan descompte perquè coneixem la propietària». Quan jo realment voldria sentir com diuen des del fons dels seus cors: «M'ha costat un ull de la cara perquè vull quedar bé amb vosaltres, perquè me'ls puc gastar, perquè l'ocasió s'ho val i aquest pollastre fa plorar de joia».

Les catalanes hauríem de ser més fanfarrones amb tot allò que sabem fer bé, amb tot allò que estrenem i amb les qualitats que tenim, que ja sabem que som un país on ningú ens ha regalat res i ens ho hem hagut de guanyar tot amb suor i llàgrimes. I sí, senyores, jo tinc un cotxe d'aquí a allà perquè me'l mereixo, perquè tinc tres feines i el penso lluir amb orgull. Que el 2021 ens hem de proposar fer brillar sense vergonya el nostre caràcter, els nostres cotxes i els nostres cossos. Fem un exercici d'autoestima amb tota mena de luxes.

OSTRES, AQUEST VI ÉS BONÍSSIM!

EL COMPRO AL CELLER, QUE EM FAN DESCOMPTE PERQUÈ...

Disney Pus

La plataforma Disney+ ha estrenat *Soul*, en versió doblada al català i, a més a més, ha inclòs la nostra llengua al menú d'idiomes. Això és guai i gràcies. Fa mesos que també van afegir unes cartel·les amb advertències sobre l'aparició de representacions racistes a algunes de les seves pel·lícules. I això és una merda.

Si vols veure *Dumbo*, *Peter Pan* o *El llibre de la selva* t'avisen deu segons abans amb un cartellet: «Aquest contingut inclou representacions negatives o tractament inapropiat de persones o cultures. Aquests estereotips eren incorrectes llavors i ho són ara. En comptes d'eliminar el contingut, volem reconèixer el seu impacte nociu, aprendre'n i fomentar que es parli sobre aquest per crear entre tots un futur més inclusiu...».

Això és vergonyós. Admetre la seva mala influència, molt bé, però si no les elimineu del catàleg per «aprendre'n i créixer» esteu ofenent la nostra intel·ligència. Sabem que no les deixeu d'emetre perquè hi ha massa diners en joc, i que amb aquests cartellets només feu que netejar-vos la consciència i quedar-vos tan amples.

L'única manera d'aprendre és que no sigui una referència per a ningú mai més, i menys per a la canalla petita, que no tenen l'enteniment per saber en quin moment exacte hi ha aquests estereotips ni els comportaments erronis dels quals se'ls avisa. Les criatures de sis anys, primer de tot, ni es miren els crèdits inicials, ni els menús de les plataformes, ni les cartel·les d'advertiment, perquè bàsicament no saben llegir amb fluïdesa ni poden comprendre aquestes expressions.

Permetre la difusió d'un film destinat al consum infantil sabent que té connotacions racistes és penós, i no em vingueu amb històries que nosaltres ens vam criar amb tot això i que no ens ha anat pas tan malament. Perquè sí, ens ha anat fatal com a societat. Escassegem en valors i, de racisme, n'anem sobrats.

I allò que més em sorprèn d'aquestes pel·lícules és que només s'avisi del racisme. I les advertències sobre el masclisme de pares obsessionats a casar filles? I els maltractaments i els abusos a minyones fregant el terra de genolls? I la distorsió dels cossos, amb protagonistes de cintures de pam i mig? I les princeses tancades, que perden la identitat, la cua i la família per un home que només han vist una vegada? Vahomeva! Disney necessita renovar el planter del seu *star system*, acabar també amb els *cuentos* heteros i començar a incloure la diversitat sexual. I no valen històries que se sobreentenguin, volem continguts explícits i poc complexos.

Que les nostres criatures *s'empapin* de rols inadequats, abusos, patrons incorrectes disfressats en forma de dibuixos mentre berenen, no els dona cap lliçó de vida per molt cartellet d'advertència, perquè els pares no podem estar al costat de la pel·li explicant que allò que veuran és una rampoina. Hem de saber que els continguts que consumeixen són segurs i adequats. Si voleu ser una companyia de referència i que us aplaudim dempeus perquè incloeu el català, retireu també per sempre el contingut ranci i demaneu perdó.

Si no eliminem aquests estereotips, ens convertim tots en aquells monuments franquistes que encara queden a les ciutats o en aquella roba vella dels anys noranta que guardem als armaris o en les fotos de les vacances amb els exnòvios als àlbums de casa dels pares. Les coses obsoletes, velles i que ens han fet mal, han de desaparèixer de la vida per sempre.

El 2021
comença malament...

Exclusivitat amorosa

Avui tinc la primera cita del 2021 i repasso mentalment: cresta amunt, autoestima *mode on*, joia interior al màxim, emoció al sis, sac de nervis fins al capdamunt i ungles pintades. Tot perfecte. I mentre agafo el cotxe i poso la música a tot drap per recollir el meu *crush* de la feina, m'aprenc de memòria allò que em va explicar la Barderi, que la base de l'amor no és la transparència, és el no explicar-te res de la teva vida anterior, com si tot ho fessis per primera vegada amb aquella persona. Com diu la Charlie Pee en un dels seus monòlegs més sublims, parlant de polles, com si tot ho haguessis anat aprenent per primera vegada al ritme que avança la relació.

I em pregunto: per què ens agrada aquesta sensació de sentir-nos únics? Aquell plaer de saber que som l'exclusivitat i la il·lusió d'una altra persona. Que aquells missatges només te'ls envia a tu, que en aquells llocs només hi va amb tu, i que ets únicament i excepcional en cos i ànima per l'altre. Ho volem i ens agrada, però ens fa vergonya dir que volem aquest tracte, perquè som modernes, perquè ens omplim la boca de poligàmia i de relacions obertes i de llibertat i, sobretot, perquè acostumem a amagar els nostres sentiments davant els altres; però sabem que ens desfem en la intimitat quan algú ens diu: «Només tu».

Tan sols cal parar l'orella a la taula del costat de qualsevol bar, i escoltar les converses entre les adolescents per ser conscients de com subestimen una cosa tan preuada en temps de pandèmia com acostar els morros a mig pam d'algú altre: «Res, van ser quatre petons, la cosa no anirà enlloc, només som amics, tenim una relació especial, però ara no volem res seriós...».

Jo el que diria és que les catalanes tenim el pessimisme integrat a l'ADN, tendim a no emocionar-nos gaire, no fos cas que ho perdéssim tot, que ja veiem com ens ha anat com a país: que si ho tenim a tocar, que si empenyem, que si guanyo, tornaré, i que al final, res. I amb les relacions és el mateix: ja ens han pres el pèl una vegada, i ara ja no volem tornar a passar-ho malament.

Ens agrada aquesta sensació de sentir-nos únics, però com ens costa a nosaltres demostrar-ho, amigues! I aquí és on la caguem, en no fer-ho sentir als altres, i per això no li escrivim després d'aquells quatre petons, perquè tenim aquest tarannà del «sí però no» tan nostrat i tal dia farà un any. I els malentesos s'acumulen sobre la taula i acabem perdent mil oportunitats d'amor.

Però que ens agrada l'exclusivitat és evident, només s'ha de veure les cues que es fan a la botiga de la Nespresso. L'èxit de marques mediocres vingudes a més només s'entén perquè us fan sentir únics. Que us obren la porta i us tracten com si anéssiu a comprar un anell de diamants a Cartier, i us entreguen la compra com si fos la mercaderia d'un narco, amb reverències dignes d'un banquer a punt d'enredar-te amb un crèdit molt gros.

Tanta merda i les cafeteres foten més soroll que els tractors del meu poble a mig juny, quan fan cua a la cooperativa per abocar el blat. Anem a aquestes botigues perquè ens facin sentir exclusius, però després dividim a parts iguals el sopar d'amics. I amb l'amor igual. Volem que ens facin sentir únics, però després tenim vint fronts oberts a Tinder, quatre plans B i un matrimoni ben avingut amb hipoteca, gos i un grapat d'excuses per no desmuntar-lo.

Sexe ficció

Avui vull parlar de sexe. He vist la sèrie *Bridgerton*. Us he de dir que en un primer moment m'hi vaig negar, quan vaig veure que des del minut u tots els problemes eren d'amor romàntic i d'arguments de primer d'adolescència de la humanitat; a mi tot aquest rotllo de l'honor de les famílies i l'aprenentatge de la vida ja no m'interessa i em toca bastant de resquitllada. Però li he donat una segona oportunitat després de quedar-me embadalida amb l'estètica, la música i el vestuari, i en empassar-me els dos primers capítols amb un ull a Twitter i l'altre a WhatsApp, vaig adonar-me que es passen mitja sèrie follant, així que em veig amb l'obligació de compartir-ho.

Per fi una sèrie amb escenes sexuals com cal, amb tensió sexual no resolta i amb la importància que et follin el cervell des d'un principi. S'ha acabat allò de veure un paio fent moviments com si inflés una barca a Palamós a mig agost. Per primera vegada en ficció, un senyor regala sexe oral sense esperar-ne res a canvi, i per això a la sèrie i a la vida real fantasiegem en fer-nos el Duc de Hastings, només perquè se sap que és una fletxa al llit.

Per això, en una escapada clandestina de cap de setmana, faig una ronda de preguntes a les Putes Celebrities. Amb elles, les grans sàvies de les relacions, gintònic en mà i cigarreta de liar a l'altra, ulleres de sol posades i abric d'estampat animal per sobre les espatlles, comentem la sèrie. Arribem a les conclusions sexuals dues ampolles de vi més tard. Són les següents:

Primera i universal: durar molt al llit està sobrevalorat. Aquell temps mort que cansa i esgota i que et fa pensar que alguna cosa no rutlla, que se't para el comptador i que arribes a pensar que el problema ets tu.

Segona: volem ànsia i xim-pum. Sí, l'ànsia, el bé més escàs des de la sequera del 2008, quan la reserva d'aigua a l'embassament del Ter va arribar al 20 % i que es va acabar solucionant com tot en aquest país, amb el conseller de Medi Ambient encomanant-se a la Moreneta perquè plogués. Doncs això, l'ànsia, és el que necessitem totes, *bolleres*, bis i heteros cis; l'amor ja ens la pela, tenim una edat, necessitem *empotrades* de passió i que ens despullin amb la mirada.

Tercera: ens agrada la fantasia, sí, però tampoc volem veure escenes de sexe que no són còmodes, perquè si no hi ha benestar, no és satisfactori i això és així. Que a hores d'ara si no ens garanteixen un orgasme com déu mana no ens hi posem, que per obra social, ja hi ha la Caixa. Volem un bon sexe, que ens follin bé, sense totes aquelles merdes que us ha posat el porno al cap, sense hostiar-nos com al putu *Cinquanta ombres d'en Grey*, que no s'ho creu ningú que aquesta senyora gaudeixi i que no estaria amb aquest paio si no fos milionari. *Vamos*, si no de què es deixa fotre una fuetada a l'esquena en nom de l'amor profund? Ni de broma! Les hòsties se les mereix ell, que sembla que vagi mig adormit a les escenes de la novel·la.

Bridgerton ens dona escenes sexuals de tota mena: en una escala de caragol sobre una catifa brodada a mà, en una escala de fusta per enfilar-se a la biblioteca per agafar un llibre, contra una columna del porxo mentre cau un diluvi universal i al terra d'una glorieta del jardí a plena tardor. Aviam senyores de Netflix, a dalt a l'esquerra, on posa: +16 SEXE I VIOLÈNCIA, hi hauria de posar: «OJU, PURA FICCIÓ».

L'èxit de la sèrie, doncs, es deu a les escenes de sexe, que creen unes expectatives... Que, aviam, senyores! Sort que tenim la Liana a taula, la millor muntadora de ficció del país, que ens ha aportat una mica de llum sobre aquest tema: «*Xates* a veure: *plano* curt, so entra, *plano*, contra *plano*, música a tot gas i orgasme! Com no voleu al·lucinar amb una escena de sexe si la munten com si fos un videoclip?».

Doncs què voleu que us digui? Això no passa així. Però que ens agrada que ens regalin orgasmes, sí, i sexe oral sense motiu, també. Les sèries serveixen per evadir-nos, molt bé, però, per favor, no ens enganyeu amb fantasies que després ens costa una eternitat conformar-nos amb allò que ens trobem a la vida real.

Adeu, tietisme; hola, beyonceisme

Mai no és prou tard per tornar a treure el capítol dels vestits de Cap d'Any de les presentadores de TV3. Per molt que hagin passat quinze dies, cal recordar el dia que les catalanes vam derrotar el tietisme i vam donar la benvinguda a l'era beyoncenista.

És evident que la crítica a la Melero, a l'Heredia i a la Puig encara cueja; de fet, tot allò que afecta el nostre aspecte físic i la nostra vestimenta sempre està en el punt de mira, sobretot el de les dones, nosaltres, les esquarteradores de llengua llarga i esmolada. Només cal veure el rebombori amb la Pedroche despullada sobre la neu, una allau de crítiques sobre el seu cos, el seu feminisme i la seva exposició.

Autoodi i alliçonaments *a mansalva*. Som exigents, crítiques i punyents entre nosaltres mateixes i amb totes aquelles que surtin per pantalla, a les xarxes o al carrer, tant si tenen un índex de massa corporal de 17 com de 25. Els vestits eren una fantasia i punt, com l'any que tancàvem i com l'esperança que ens prometen. Eren les *protas* d'un capítol extra de *Sex and the city*, un somni per a tota tieta de Montserrat en amunt. I que ja està bé de voler ser austeres i discretes, que les catalanes també podem fer festa i xerinola quan ens dona la gana i treure la diva que tenim a dins.

Ara vosaltres penseu que ja no teniu excusa per posar-vos lluentons, daurats ni velluts, perquè han acabat les festes i a sobre tenim els *tuburius* i els bars de putejar tancats. Sense comptar que a les deu ens segresten a les ciutats pròpies. Però jo que soc una *celebrity* i que sempre tinc excusa per anar com un arbre de Nadal perquè no tinc vergonya ni intenció de tenir-ne, us prohibeixo tornar als embuatats i als grisos pels mesos vinents, que aquest 31 de desembre vam obrir un nou portal de llum sobre l'estilisme català i ara no podem recular.

Ja hem estat prou deprimides tot l'any amb els nostres *crushes* confinats durant mesos; ara només ens falta haver de tornar al rigorós negre, enterrar els brillants i les purpurines per enfrontar-nos a la foscor dels carrers, per culpa de la retirada de la il·luminació nadalenca. Tant *rajar* dels guarniments que fa l'ajuntament: «Que si són massa ostentosos són un dispendi...», «Que si són senzills ens entristeixen...», i ara que enfilem el febrer cap al túnel de la quarta onada, tot són lamentacions.

Els carrers de la ciutat són foscos i ja ho sabem, però no us estranyeu ni dieu que no enteneu per què les dones aparquem aquí i no allà. Potser que mireu com va de llum aquesta joia de pàrquing que acabeu d'inaugurar i entendreu el perquè de les nostres gimcanes nocturnes per esquivar possibles tarats. Que sí, que quatre fanals no arreglen el cap dels psicòpates ni dels violadors, que el que cal és educar aquests energúmens des de ben petits, però com que sabem que la societat no està per la labor, nosaltres anirem més tranquil·les fent la cursa nocturna d'obstacles, saltant carrers i places pel mig del voral. I així quan veiem venir un possible agressor, podrem decidir si li fotem un cop de puny o arrenquem a córrer. Que també us he de dir, que amb mascareta, *gorro* i foscor, val més que canviï de vorera si no vol que li rebentem el cap. Vestides com Beyoncé, això sí.

JA ESTÀ BÉ DE VOLER SER AUSTERES I DISCRETES!
BEYONCEÏSME

Per a tu no tenim talles!

Arriba la notícia més esperada per a la meva croada personal: «Mango elimina la marca Violeta de talles grans i l'integra a la col·lecció principal que passarà a oferir de la 34 a la 54». Un pas més per la lluita contra el maltractament psicològic del món de la moda envers les dones.

Fins ara, si volies comprar roba a Mango per sobre de la talla 44, havies d'anar a una altra botiga física, diferenciada de la marca principal. Per una qüestió de forma i de volum de cos, havies de triar en quin local entraves. Un assenyalament públic, una separació segons el teu aspecte físic. Com si encara no hi hagués al món prou etiquetes, prou maneres de classificar-nos i d'haver de decidir constantment de quin grup som.

A ningú li agrada sentir que no pertany a un col·lectiu, sobretot quan ets adolescent i ets diferent dels estàndards que una elit de la moda ha dictat. I et fa aquella punxada a la panxa quan et diuen «Per a tu no tenim talles» o «Aquesta és la més gran», perquè encara ara ens fereixen pel nostre aspecte físic i se'ns jutja, tinguem deu, quinze o quaranta-cinc anys.

Mango va presentar Violeta el 2014 no com a botiga de talles grans, sinó com a una cadena de patronatge adaptat fins a la 52. Eufemismes que fan el mateix mal, perquè la col·lecció era diferent, els teixits especials, i les botigues pertanyien a una xarxa independent. Però, així i tot, he d'agrair que una empresa catalana doni resposta a totes les realitats, perquè, a hores d'ara, Inditex, el seu gran competidor, ni tan sols és capaç de fer una peça que passi de la 46.

El cas d'Inditex, Zara en concret, a més potencia el masclisme a través de les seves peces. Sabíeu que només pots trobar maletins per anar a treballar, portadocuments, maletes per viatjar i bosses adaptades per al portàtil a la secció d'homes? Com si els viatges de negocis, les reunions de feina i dur aparells electrònics només fos cosa de mascles. I a la secció de dones què hi trobem? Minibosses, *clutches*, bandoleres... I aquesta darrera temporada han incorporat carros d'anar a comprar. Així, amb tota la santa barra. No entenc que cap dels més de cent vuitanta mil treballadors o els accionistes o els inversors no s'hagin posat les mans al cap i que tots permetin tal vergonya.

Però deixo els retrets, que m'enfilo sola, i ovaciono l'acció que Mango ha proposat implantar al llarg d'aquest 2021. Espero i desitjo de tot cor que no sigui només una qüestió de pandèmia i de números vermells, sinó la voluntat de fer un bé a la humanitat. Com que rectificar és de savis, ho aplaudeixo, em disculpo i animo totes les companyies a prendre nota i aplicar mesures similars. També perdono Mango aquella vegada que una alt càrrec em va trucar, convidant-me a esborrar un post del meu compte d'Instagram on denunciava que una faldilla seva de la talla L no em pujava més amunt de les cuixes. He dit que no m'enfadaria més, així que...

Ah! I ja de passada, demano que aquest canvi de patronatges es traslladi també al tallatge infantil, que es troba a anys llum de la realitat actual. Els cossos de les nostres criatures no corresponen amb els números de les peces de les botigues de marques democràtiques (aquelles que consumim gran part dels mortals). El problema que tenim en el cas dels infants i adolescents és que estan construint la seva personalitat i l'autoestima i molts se senten exclosos, bé perquè separen la roba per gènere o bé perquè no entren en una peça etiquetada amb el número de la seva edat.

No, ni les mentalitats, ni les realitats sexuals, ni els cossos no corresponen amb les peces de la moda infantil que hi ha a les prestatgeries. Estem educant criatures en la llibertat d'opinió i en la diversitat, i en canvi, només poden escollir roba binària. O blanc o negre. La roba no és només un element per vestir o abrigar, és i serà sempre una forma d'expressar i d'identificar-se. Per això ha de poder ser accessible a tota mena de persones.

M'han trencat el cor

Avui m'han trencat el cor. Una altra vegada. I en aquest moment m'adono de la importància de tenir bones amigues. Aprenem a conviure amb els estafadors emocionals i, en canvi, no veiem que amb qui hauríem de compartir les nostres vides és amb elles. Fer-nos parelles de fet, trios de fet, grups de convivència organitzats amb les amigues que sempre hi són.

Em van deixar a les 11.05 h, amb una trucada més freda i gelada que una nit de febrer a Artesa de Segre, i a les 15 h ja teníem una trobada d'emergència emocional. La primera trucada de rigor a aquella que sempre respon, malgrat estar a la feina amb cinc pollastres, una companya desequilibrada, un *jefe* atordidor i vuitanta expedients sobre la taula per resoldre. Ella sempre té la veritat absoluta i em retorna la ceguesa que perdo rere cada cita.

Quedar amb les persones que t'estimes sense cita prèvia, fent un dinar d'estranquis, és, ara mateix, un luxe. Sentir l'emoció d'una abraçada i poder trobar-vos i no sentir-te culpable ni pensar que mataràs mitja humanitat pel fet de ser set persones i no sis. Que jo em pregunto: Qui va decidir sis, i no set? Que sempre us han fet enrabiar els números imparells i a mi m'encanten! M'escapo del confinament municipal per dinar amb elles. Si em paren els mossos, ho tinc clar: «Agent, emergència sentimental, m'han trencat el cor per enèsima vegada aquest any».

I segur que no em poden multar. Ara mateix he de fer pena per força, porto el rímel corregut fins a mitja galta i tot el seient del conductor ple de mocadors de paper usats. Aquest panorama hauria d'estovar el cor de qualsevol autoritat! O, si no, que em detinguin, que ja seria l'últim que em podria passar aquest inici d'any. També els podria dir que necessito esbargir-me, sí, és clar, com tot Catalunya des de fa mesos. No cola.

Arribo a Barcelona, perquè totes les coses importants s'han de fer allà. He pujat fins al sobreàtic arrossegant-me per les escales, igual que en el meu últim missatge, en què li demanava trobar-nos per quedar com amics. Encara riu ara, exacte. M'he deixat la dignitat a cada esglaó i un regalim de llàgrimes fins que he arribat als braços d'elles. I com si fos el *Davallament* de Caravaggio, em deixo adorar una per una, i elles em donen el condol i m'arrenquen la pena que duc al pit amb bromes, esperant que somrigui.

Obro un ull entre tant drama i veig que ja tenen la taula parada a la terrassa. Diuen que de seguida arriba el dinar, perquè, això sí, molt talentoses i dives les meves amigues, però cap d'elles cuina. Tot i que, de fet, tampoc menjaré res, tinc un nus a l'estómac. És l'única meravella dels disgustos amorosos, que podràs perdre tres quilos en una setmana sense haver de canviar l'entrepà del matí per alguna merda de xia i espelta.

Me les miro de lluny mentre ballen i fan crits de llibertat, i esbudellen la meva ja oficial exparella. Allò que més enyoro és sortir a sopar amb elles. La sensació de tenir modelets només per a les seves nits, aquella llibertat de sortir de casa amb l'*eyeliner* fins al clatell i el vestit més curt que tens a l'armari. El moment del teu altre jo, el que no envelleix ni té canalla marranejant, ni problemes d'autoestima, ni exparelles que et vulguin bloquejar per sempre.

Elles, que arriben compartint Cabify i riures, salten del cotxe amb els seus abrics i *looks* extraordinaris, mentre s'encenen una cigarreta i s'acaben de pintar els llavis. I jo que les veig a través del vidre del restaurant, perquè sempre acabo arribant la primera malgrat viure a comarques, em sento feliç només de saber que són a la meva vida. S'acosten i ens petonegem, a la boca, i ens matem unes a les altres a elogis. Sempre més guapes, sempre més estupendes, sempre més tot des de l'última vegada que ens vam veure.

Comentem els últims premis que els han concedit, projectes i viatges que fan que les admiri cada vegada més. I les idees sonades que sortiran quan portarem dues ampolles de vi caríssimes, que sempre tria ella i que sempre m'acabo queixant jo. Però ara tot això és una il·lusió. L'única realitat és que m'han trencat el cor una altra vegada, i ja no em queden ni mocadors ni excuses ni ganes de saltar-me el confinament per ningú.

Chilling Childlore

Ten Twisted Childhood Tales

VICTORIA WILLIAMSON

Silver Thistle Press

Contents

The Vampire

The Transylvanian sun was slowly setting over the grey mountains as the horse-drawn carriage laboured over the rugged terrain. A young girl sat staring wistfully out at the bleak landscape, clutching her teddy bear and dreaming of the lush fields of England.

"Will we be there soon, Father?" she asked hopefully. Her father nodded. "Be patient, Emily, there's only a few more miles to go."

At this Emily sighed and hugged Teddy closer. She had not wanted to come here to this strange, cold world, or leave her friends far behind her, but her father had insisted and there had been no choice. Teddy had been a bribe, a compensatory gift wrapped up in bright paper and opened under the disapproving frown of her mother. "You spoil that child far too much, Thomas," she had said.

The horse stumbled on the uneven road, and Emily sat back to wait. Only a few more miles…

Her new home was large, with many twisting staircases and long winding passages for her to explore – paradise for an adventurous child like Emily. The only thing that marred her new home was their neighbour,

Mr Krantz. He had called after tea enquiring whether her father needed any help to settle in, and when his icy blue eyes had gazed down at her and his unnaturally pale hand had been extended towards hers, she had run away to hide in her room.

After supper Emily sat in the small drawing room talking to Teddy, while her father puffed on his pipe and her mother darned old socks and stockings. Suddenly there came a loud rattling at the window; Emily started and her mother dropped her needle case. Her father laughed, "Don't be frightened, it's just bats."

"Bats?" Emily asked fearfully.

"Yes, you know – big vampires that fly into your room at night and suck your blood, and in the morning all that's left is—"

"Thomas!" her mother shrieked. "I won't have you talking like that in front of the child, and it's way past your bedtime, young lady."

With that, Emily was ushered from the room and up the stairs, while her father's hearty laughter echoed behind her.

That night the rattling at the window came again, and Emily closed her eyes and squeezed Teddy tighter, cowering beneath the covers of her bed. The wind outside howled in her ears, drowning out a softer sound which she only recognised when it was too late… *Breathing.* There was something in the room with her, something horrible. She felt sharp teeth bite deep into her neck as she tried to scream, but the darkness engulfed her and strangled the sound…

The following morning her parents found Emily and Teddy lying drenched in a pool of blood, and their hysterical shrieks brought Mr Krantz running from the adjacent house. Luckily he had a horse and carriage and offered to drive them to the hospital. Emily's mother sobbed as she sat huddled in the speeding carriage, rocking the still child to and fro while her father ordered Mr Krantz to urge the horses on even faster. It could have been the cold morning air or the exertion, but there seemed to be more colour in his cheeks that morning…

"There's nothing you can do here, I advise you to go home and get some rest," the doctor told them later that evening.

"I'll stay here tonight to make sure Emily's alright," Mr Krantz offered. "If there's any news I'll let you know straight away."

Emily's exhausted parents gratefully accepted, along with his offer to use his horse and carriage to drive home. "Oh, give Emily this, she'll miss it if it's gone," said Emily's father tearfully, handing over Emily's blood-stained teddy bear, that was badly in need of a wash.

"I promise," Mr Krantz said, his clear eyes glistening.

On the way home Emily's father shuddered. "I don't understand it, when I talked of vampires last night I didn't mean… Oh, good grief! Driver – back to the hospital! Hurry!"

"What is it? What's wrong?" Emily's mother cried.

"How could I have been so stupid? Mr Krantz, he must be… There's no other explanation!"

Emily woke painfully from her sleep, trying to remember what had happened to her. She recalled the noise at the window, the breathing... The breathing! It was still there at her neck. She felt the sudden searing pain, and for the final time her world was plunged into darkness by the bloodthirsty creature.

"Where is he? Where's that monster Krantz?" Emily's father shouted as he charged into the hospital.

"I'm terribly sorry, but—" began one of the doctors apologetically.

"Sorry? What's happened?" he demanded.

"Mr Krantz was knocked down and killed by a cab while on an errand for us, just after you left this evening," the doctor finished.

"Killed? You mean he wasn't a vampire?" Emily's confused father stammered.

"I beg your pardon? A *vampire..?*"

But Emily's father wasn't listening any more as he raced down the corridor to his daughter's room, ignoring the nurses' cries of, "You can't go in there, sir!"

He threw open the door… and gasped in horror. Emily lay on the bed, covered in blood just the way she had been that morning.

Except this time, Teddy's fangs were buried deep in her throat.

The Descent of the Doll

"Come on, Freya," her father sighed. "We've been here long enough."

"Dolly hasn't finished her tea yet," Freya pouted, miming pouring another helping from the plastic teapot into the cups on the picnic rug. "Mummy said we could spend all afternoon at the park."

"Your mother," Ryan muttered under his breath, "indulges your silly games far too often."

He glowered over at the park bench where Lydia and the other mothers were chatting and sharing thermos flasks of real tea. The last place he wanted to spend one of the precious Sundays he got off work was at the Children's Toy Picnic at the local park. Wasting all afternoon surrounded by squealing brats, gossiping mothers and smug hands-on fathers was his idea of hell. He'd hoped by now he'd have a son to take to football matches on his few weekends off, but instead, he only had one child – a five-year-old girl who loved fairy costumes, hated sports, and had an unhealthy obsession with her wonky-eyed princess doll.

Ryan loathed that doll with a passion that went beyond all reason. He'd picked it up at a last-minute

Christmas sale two years ago. Lydia had been on at him the whole month for leaving the chore of buying gifts to her, finally resorting to vague threats hinting that his lack of effort would lead to another one of her manipulative 'breakdowns' that would leave him in charge of the domestic arrangements over the busy festive period. Ryan couldn't afford to take that much time off work – not after her last stage-managed meltdown the previous summer. And so he'd grabbed what he could at the bargain basement sale on the way home from work that Christmas Eve.

The doll had been one of the items he'd scooped out of the half-price bin by the checkout. Its glittery silver dress was a fire hazard, and one eye was half closed in a permanent scowl, but since Freya had been only three and would probably break it in a few months anyway, Ryan had decided there was no point wasting good money on a better-quality toy.

He bitterly regretted that decision.

Freya had fallen in love with the doll the minute she'd unwrapped it, carrying it everywhere like a real baby and even singing it to sleep at night. Ryan wouldn't have minded that – she *was* just a child after all – but the few hours he got to spend with his family every week always seemed to revolve around 'Dolly' and what she wanted to do. It had got to the point where even their evening meals were dictated by whatever processed pap 'Dolly' liked to eat, with Lydia indulging the deformed plastic dictator's every pretend whim in a way that made Ryan apoplectic with rage.

He'd tried to throw the doll out last year. He wouldn't make that mistake again. Freya had screamed the house down until Ryan was forced to go raking through the bins at the end of the street in the pouring rain at midnight to fish the damn thing out and end the apocalyptic toddler tantrum.

With her victory and her place in the house secure, the doll now had free reign to act as a mouthpiece for all of his daughter's displaced desires, ruling the family with an iron fist disguised in sequined polyester and cheap PVC. Ryan was starting to feel mutinous. On bad days, he'd been thinking that if he couldn't get rid of the doll, then maybe he should be the one to leave.

Today, though, the sun was shining and he'd been feeling more warmth than usual towards his chattering wife and prattling child. He didn't want to let the doll burst that rare bubble before he had a chance to enjoy it fully.

"It's time to go," he said firmly, tugging the picnic rug out from under Freya and upsetting the plastic tea things she'd carefully laid out. "They're showing a family film at the town hall. You'll enjoy that."

Ryan had no intention whatsoever of sitting through

two hours of puerile cartoons in a hot room stuffed with shrieking children and braying parents. But the bar was next door, and if he was quick and got Lydia and Freya seats for the show, then he could nip out after ten minutes for a toilet break and catch a beer and the last half hour of the football game on TV.

Freya hugged her doll tightly as she watched him shove the rug and her plastic tea things into a holdall with as much ceremony as if they were trash.

"Dolly doesn't like you," Freya said, her bottom lip trembling.

"The feeling's mutual. Now come on, we've been here long enough."

He took her firmly by the hand and led her across the grass, navigating the sprawl of picnicking parents and ignoring their disapproving looks as a big, fat tear slid down Freya's face.

"What's the matter?" Lydia said sharply when he interrupted her conversation with the other mothers. Ryan was too used to being the least favourite member of his own family to feel more than weary resentment at her tone.

"Freya wants to go and watch the film in the town hall. It's a family-friendly screening, and it's starting soon."

"Oh," Lydia said in a tone that implied that if it was her daughter's desire rather than her husband's, then that was entirely different. Just to ensure her meaning was clear, she stored her thermos in her bag and said her goodbyes with a haste that would never have been wasted on gratifying her husband's wishes.

"I don't want to watch the film," Freya said petulantly as her parents led her through the park gate and up the town's main street. "I want to stay at the picnic."

"Then Dolly wants to go to the film," Ryan said with fake breeziness. "One of you wants to watch it anyway, so— Oh, damn!"

Stopping at the noticeboard outside the town hall, Ryan realised he'd got the screening time wrong and the film had started an hour ago.

"Wouldn't you like to watch the rest of it anyway?" he coaxed when Lydia protested it was too late and Freya grumbled that she'd seen it twice already. His suggestion was met with two faces glowering back at him in mirror-image hostility.

"Fine," he muttered. "Let's just go home, then."

"Ryan, the whole point of walking up to town today was to enjoy the summer festival," Lydia protested. "There are plenty of other activities we can take part in."

Ryan felt his heart sinking. There was a fun fair set up at the far end of town, and he was determined to steer well clear of *that*. At least in the park he'd been able to read his newspaper, even if the cacophony of children and parents had been an unwelcome soundtrack to the sports section. But the thought of hanging about bored rigid while Freya and Dolly went round and round a carousel at the appropriate snail's pace for five year olds for the rest of the afternoon was a dismal one. Despite the afternoon heat, he couldn't bear the idea of the parent-and-child paddling pool filled with toddler pee, and Lydia's suggestion that they join the queue at the family face-painting tent made him shudder. He glanced at the bar beside the town hall longingly. There wasn't a single other event besides the film that would allow him to sneak off and leave Lydia babysitting while he got a beer and a shot of sports on the side.

"Dolly wants us to get our faces painted," Freya piped up, pouncing on the very activity that would torment her father the most.

Of course she does, Ryan thought. *Because that's a fitting punishment for a busy adult who objects to spending his one free afternoon playing tea party in the park.*

He glared at the doll reclining in his daughter's arms. Its face was repugnant. It wasn't just that the cheap plastic was bubbled and warped in places, or that its half-closed eye gave the impression of eerie watchfulness while its wide-open twin had the look of a skinned onion screaming in perpetuity. It was the juxtaposition of the babyish features – almost melting in their grotesque softness – with the knowing smile playing on the doll's lips that was so unsettling.

The doll was staring back at him, taunting him from its position of unrivalled first place in his daughter's affections. Its synthetic lips seemed to glisten wetly in the summer sunshine, its smug smile both malign and obscene. Ryan blinked and looked away first. He always did.

"The queue's too long, Freya," Ryan said, hiding his irritation and trying to sound like a reasonable grown up. "We'd waste the rest of the afternoon just standing in line."

"But that's what Dolly wants!" Freya insisted, her voice rising to the shrill note that signalled tears were imminent.

"Dolly can go and take a running jump off the nearest—"

Ryan stopped mid-rant, his eye caught by the banner tied to the church railings across the road.

'Playmates' Parachute Jump for Charity' the sign said.

It was almost as if it was reading his mind.

His own lips curled into a spiteful smile that he aimed squarely at Dolly as he said, "Look, Freya, there's a fun thing we can do with your doll. Why don't you and I take her up to the church tower and let her enjoy gliding to the ground with a toy parachute while your mother holds our places in the face-painting queue? You don't mind, do you, sweetheart?" he asked Lydia, pointing out the other families in the line. "Jim and Anne from down the street are there – weren't you just telling me you'd like a catch-up chat with them to hear all about their Caribbean cruise?"

"Oh, well..." Lydia hesitated, torn between the temptations of gossip and her misgivings about Ryan's sudden generosity with his time.

"Dolly doesn't want to go parachuting." Freya shook her head.

"Maybe not, but we all have to learn to do things that are a little scary at first so we can find out how much fun they are," Ryan said, using all his adult powers of persuasion to browbeat his five year old. "That's what growing up is all about."

"Dolly. Doesn't. Like. Heights." Freya said emphatically, making it clear that as far as she was concerned, that was the end of the discussion.

"This is about what's good for *you*, Freya." Ryan couldn't stop an edge of irritation creeping into his voice.

"Maybe it's not a good idea, Ryan." Lydia came to Freya's defence like she always did when her daughter dug her heels in. "It's not worth fighting over. We can all go and chat to Jim and Anne in the face-painting queue."

"Freya needs to learn to be a little more flexible when it comes to that doll. This is the perfect activity to help her see that a few minutes' separation can actually be a fun thing. It's not normal to carry a doll about all day like a real baby. Besides, all the other children are doing it."

Those were the magic words he knew would bring him instant backup from Lydia. Normally in opposition to his wishes regarding their home, their finances and – crucially – their daughter, the very hint of an activity to help Freya act more like her peers would awaken Lydia's fiercest mothering instincts. She might bend to her daughter's every whim, but even she knew deep down that it wasn't healthy for Freya to spend every waking and sleeping moment with her arms around a dead lump of plastic.

Lydia bit her lip, then bent down to her daughter's eye level. "Look, Freya, this is a fun thing for you and Dolly to do with your father. I'll be right over there in the queue with Jim and Anne – see? We'll wave to Dolly on the way down. She'll have a great time! Then you can get a sticker like the other children. Don't you want a pretty glitter sticker?"

She gestured to the children who were walking past with dolls and bears tucked under their arms and bright 'charity parachute' stickers on their t-shirts.

Freya shook her head, her eyes filling with tears.

Lydia's face hardened. "Well, your father and I both think this is going to be fun, so you just have to trust us. It'll only take ten minutes, and you'll have a place waiting for you further up the face-painting queue when you're done. On you go." Lydia peeled off the fingers that were glued to her skirt and gave them to Ryan. "Take Daddy's hand crossing the road," she instructed.

Wow, if she would only take charge like that whenever Freya uses that damn doll to boss us about, we'd have a perfect little angel for a daughter instead of a pampered princess, Ryan thought, glancing at Lydia approvingly as she strode to the back of the line snaking across the town square.

"Look left, then right, then left again," Ryan parroted on the edge of the kerb, more to drown out Freya's whines than to model appropriate road-crossing behaviour for the millionth time. He could feel Freya resisting as he led her by the hand a little too vigorously across the road, through the church gates and up to the bell tower entrance

"One parachute please," he said cheerfully to the elderly lady with a collection bucket who stood at the door. He shoved his hand in his pocket and pulled out a note that was five times the cost of a ticket. He had change in his wallet, but he didn't want to risk letting go of Freya's hand to dig it out of the picnic bag.

Besides, he thought, *it's worth it to see that repulsive blob of plastic being chucked off the highest building in town.*

"Dolly doesn't want to do this!" Freya wailed suddenly, her outburst pitched at just the right level of despair to bring adults running to her defence. "Don't make Dolly do this, Daddy!"

Ryan's eyes darted to the elderly ticket seller, the smile freezing on his lips.

Fortunately for him, the lady was clearly a supporter of the old-school, no-nonsense style of parenting. "Don't be silly, dear," she said gently but firmly. "It's lots of fun. And look"—she pointed up—"it's not far. Your dolly won't be parachuting from the top of the bell tower, just the roof of the church above us."

Ryan stepped back so they could both see where the lady was pointing. The side door had a flat roof two storeys high, but was a good hundred feet lower than the bell tower he thought he'd have the pleasure of jettisoning the doll off. A group of children could be seen peeking through the castle-shaped crenelles of the Victorian wall, holding their dolls and teddys out and waiting for the signal to release them. The walls were so high that even the older children could barely see over them. This location had clearly been picked as the safe option by adults who were worried about the insurance implications of allowing children all the way up to the much-more-thrilling bell tower with its spectacular view.

Damn health and safety rules! he thought as he heard a church volunteer shout an encouragement and saw the children releasing their toys all at once. *That drop's barely higher than my house.*

He watched in disappointment as the dolls and bears drifted slowly to ground on their study little parachutes, the children clapping and cheering above them as though they'd just watched an Olympic event. Another jolly-faced church volunteer scooped the toys off the grass and set them gently on a table by the church wall for the children to collect when they came down.

All in all, it seemed an expensive way to get a mere ounce of revenge on an inanimate object.

Ryan had to content himself with the thought that since the fall was more than enough to kill a grown man, if he was very lucky, the doll might land on its misshapen head and be squashed beyond repair. Even Freya with her overactive imagination couldn't keep up the pretence that the doll was real if it had half its face flattened.

"You see, dear? Your dolly can't get hurt," the ticket

lady told Freya. "Now, be a good girl and take her up the stairs. You'll have lots of fun, just like these other children did."

Freya didn't look convinced by the smiles and laughter of the children who emerged from the staircase door with their parents, and Ryan couldn't help feeling irked again at how completely inane children's ideas of fun were. His irritation hardened his resolve, and with fake cheerfulness he marched Freya up the stairs, making sure she didn't accidentally slip and spoil his plan by presenting a bruised knee or a cut lip to the nearest adult for sympathy.

Luckily, there was only one other person left on the rooftop, and that was the church volunteer who'd given the signal for the children to drop their toys.

"Hello, pet. Let's get this parachute on your doll, shall we?"

The teenager looked like he'd been reluctantly co-opted from the church youth club to fulfil his Christian community service quota, and he'd clearly had his fill of reluctant children for the day. He plucked Dolly from Freya's arms before she had a chance to protest, tying a mini parachute under her plastic arms with well-practised fingers.

"There you go, all done. Now we'll just take her to the wall…" The teenage boy held Freya's doll just out of reach above her head the way a trainer might encourage a wary dog to follow him. Freya took the bait, her hands reaching for her doll as she crossed the rooftop in pursuit.

"There, now." The boy set the doll down on one of the merlons jutting out of the wall, too high up for Freya to reach. "You can stand with your daughter on the step so she can see down," he said, turning to Ryan and pointing at the low box at the base of the wall. "But you need to hold onto her at all times."

It seemed a little unnecessary to Ryan. Even by standing on the step, Freya could only just poke her head over the lowest part of the embrasure. He was happy to comply, however, if it meant ensuring Freya went through with it. Now that he'd had cold water poured on his fantasy of chucking the obnoxious toy off the high bell tower, this little father-daughter activity was all about teaching Freya to view her doll as a dead lump of plastic rather than a real baby.

When Ryan lifted Freya onto the step and she looked down at the ground two storeys below, she finally found her voice again.

"Daddy, Dolly doesn't want to do this!" she protested. The whining, artful edge had gone from her voice. Now she sounded genuinely scared. Her terror only convinced Ryan all the more that this anthropomorphising of plastic toys had to stop.

"Don't be silly, Freya," he said sternly. "Look, she's

got a parachute on. It'll be fine. She'll have lots of fun. Watch."

"Daddy, please!" Freya cried, holding her hands out for her precious doll that was now dangling by a parachute above a long drop.

"For goodness' sake, it's just a damn doll!" Ryan snapped.

"Look, if she doesn't want to do it, there's no point in forcing her to—" the teenager began, shutting up instantly when he caught the glare Ryan threw his way.

Turning back, Ryan saw the way the doll was looking at him. It must have been the wind up here above the street, but its half open eye was fluttering, almost as though it was trying to force it open. The other was wide open, its silent, skinned-onion scream a cry not of warning for once, but of alarm.

You know what's coming, and you're scared, aren't you? Ryan thought gleefully. *I'm going to enjoy this.*

"Daddy, she's real!" Freya shrieked, clawing at his arms now to reach the doll just beyond her grasp. "Please, Daddy! No no no!"

"Freya, this is for your own good," he said through gritted teeth, trying to drown out his daughter's sobs that were verging on the hysterical. "It's just a toy, that's all. On the count of three. Ready? One, two, three…"

He couldn't help it. That ugly piece of plastic had been the bane of his life for two whole years, and he was sick of the sight of it. Instead of letting go gently, he threw the doll at the ground with as much force as he could muster.

The parachute didn't get a chance to open.

Dolly went crashing down, hitting the ground head first. There was a sickening thud – strangely loud, it seemed to Ryan, for such a small piece of plastic, and the doll's head burst apart, spraying blood across the grass.

What the..?

Ryan was too stunned for a moment to register that it wasn't just Freya who was screaming. The jolly volunteer waiting to collect Freya's toy was bellowing at the top of his lungs, the old lady at the door had fainted clean away, a group of people were running out of the church hall and a crowd was gathering on the street beyond the railings, their faces pale with shock.

"It's just a doll!" Ryan said weakly, turning to the volunteer next to him. The teenage boy was bending over, retching onto his trendy trainers.

"Just a doll!"

The green grass was turning red, the parachute forming a white shroud to screen the horror below as black spots danced in front of Ryan's eyes.

"Just a doll!" he said to no one in particular, drowned out by the oncoming scream of the ambulance siren that rose and fell with the same terrible urgency as Freya's frantic cries of, "Dolly! Dolly! Dolly! Dolly!"

The Hungry House

"Thank you so much, Grandpa, we really appreciate you looking after Kyle at such short notice."

Kyle's father didn't even remember to give him a hug goodbye, abandoning him on the doorstep and returning to the car without a backwards glance. Kyle watched as it sped off through the rain, his father leaning anxiously over the steering wheel and his mother sitting ashen faced in the back seat.

It wasn't supposed to happen this way. His parents had it all planned out. When his mother went into labour with the new baby, Kyle would stay with their next-door neighbours while his father was in hospital with his mother. Jason at number nine was his best friend, and while his mother had picked out items for her hospital bag, Kyle and Jason had plotted the midnight feasts they'd have and the horror films they'd watch in secret.

The baby wasn't supposed to come six weeks early, when Jason and his family were still on holiday in Corfu. The emergency babysitter was away at a music festival down south, and his Aunt Marjorie was out of town for a work conference. And that meant there was only one person on the whole planet who could look after Kyle at the last minute. Someone the family never, ever talked about. A complete stranger who Kyle had never met.

"Come in, boy, come in," the old man wheezed, frowning up at the rain then back at Kyle as though his great-grandson had conjured up the thunderstorm deliberately in order to vex him.

Kyle shuffled into the dilapidated house, wiping his feet on the doormat the old man pointed out. His shoes slipped on its worn surface, and Kyle got the unpleasant impression that he was rubbing his feet on a slimy tongue that was hungrily licking the dirt from the soles of his shoes. He looked down. There was no light in the cramped hallway, and the only source of illumination in the whole house seemed to be coming from the television he could see through the open living room door. In the gloom, the mat did indeed look dark red, its surface glistening eerily as though with saliva.

"Bloody slugs," his great-grandfather muttered, "always getting under the door and leaving their dirty trails everywhere."

Kyle relaxed slightly at the explanation. Slugs, that must be it. Now that he looked closely, he could see the door didn't quite sit flush in the buckled frame. In the dark, the support posts had the odd look of fractured bones that hadn't healed properly. He blinked, wondering where that strange thought had come from.

Before he could work it out, the old man had caught him by the arm and was pushing him into the living room.

"You can watch TV with me till your dad gets back," he said. "I expect you'll find it boring – you young people want noise and action all the time, don't you? Everything happening all at once at high volume and—"

Whatever he was going to say next was drowned out in a fit of coughing.

Till dad gets back? Kyle thought, feeling the anxious knot in his stomach tighten again. *Dad did tell him I might be staying for a couple of days, didn't he?*

His father hadn't phoned Kyle's great-grandfather first. He'd bundled Kyle into the car with a hastily thrown-together overnight bag and driven across town at twice the speed the road signs dictated. It was lucky the storm was so bad there were no police cars patrolling the roads. Even if there had been, Kyle doubted they would've seen much through their windshields in the torrential rain.

His father had stopped outside the lonely house hidden behind an overgrown hedge and had jumped out to explain the situation to its sole occupant. When he ran back to fetch his son from the car, Kyle could see the breezy smile he was wearing was fake.

"Grandad said he'd love to have you to dinner," he told Kyle. "Quick, son – I'll introduce you, then I really need to get your mother to the hospital."

His father hadn't explained why he'd never mentioned Kyle's great-grandfather before. He'd simply abandoned Kyle on the doorstep after a hasty introduction and a whispered instruction to 'behave himself'.

Gazing around the dimly lit room, Kyle could see why his father hadn't phoned first. There was no phone. In fact, the only thing that looked like it had been made in the last one hundred years was the television, and even that was ancient. Humming away in the corner, it was a giant black box on legs with an aerial sitting on top. A tangle of wires snaked from the back, the thick, veiny cords disappearing into the shadows where they met the wall. Kyle was pretty sure they'd stopped manufacturing clunky old models like that decades ago.

The picture flickering on it wasn't even in colour. A fuzzy black and white image filled the screen, casting eery shadows on the faded yellow wallpaper. The out-of-focus picture was of a lonely street battered by a storm. As the camera panned slowly back and forth, Kyle couldn't be sure if the image was blurry because of the rain or because of the static on the screen.

What kind of weird programme just shows the same picture of a street over and over without—

"Well, sit down, boy, if you're staying," his great-grandfather interrupted his thoughts, easing himself into a bloated-looking armchair opposite the TV.

Kyle sat down gingerly on the edge of the sofa. The dark red leather felt unpleasantly squishy as it gave way under him, its surface glistening in the same strangely wet way the doormat had. As he gazed around the gloomy room, Kyle realised he'd been wrong. The television wasn't the only light source, but it was the brightest. A reddish glow was coming from the fireplace filled with what looked like an electric fire. It was one of those old-fashioned ones that was shaped to look like fake coals, the light pulsing eerily behind the moulded plastic as though a heart was beating at its centre.

Behind the heavy, tasselled blind drawn over the window like a closed eyelid, the lightning flashed, lighting up the dismal room for a moment with an electric glare. Kyle shivered. The fire was giving off no heat, and in the short distance between the car and the doorstep, his jeans and sweater had got soaked.

His great-grandfather didn't seem to notice his discomfort. In fact, he didn't seem to notice anything else at all. His rheumy eyes were fixed on the TV, watching the street scene with an intensity that looked almost like hunger.

At the thought of food, Kyle's stomach growled loudly. The sound was drowned out by the loud peal of thunder that followed the lightning, the crack so sharp and violent that it rattled the walls of the house like old bones.

It wasn't the thunder that Kyle found so unsettling. It was the other sound, the one that rumbled up from the depths of the house as though a great stomach was waking and demanding food.

"What was that?" he gasped.

"What?" his great-grandfather muttered. "Oh, that. It was just—"

Whatever it was, Kyle didn't get to hear, as the old man's words were choked off by another violent fit of coughing.

"Can I get you anything?" Kyle asked, jumping up. "Some water? Something to eat?" He added that last bit in the hopes that the old man might remember what his father had said on the doorstep about Kyle being welcome to dinner.

Unfortunately, his great-grandfather seemed to be selectively deaf

"Water. Yes. Kitchen," the old man wheezed, waving Kyle in the direction of the hall. Kyle hesitated in the doorway. The hallway was long and narrow, with a staircase leading up to the pitch black of the upper floor. The corridor to the kitchen was equally gloomy, the darkness so thick that Kyle couldn't see whether the hall was carpeted or covered by bare floorboards.

Floorboards, he decided, hearing the creak and crack of something dry under his feet. He reached out to flick the switch on the wall, hoping for the cheery glow of an overhead light to chase away the shadows, but nothing happened: the metal switch was as loose as a rotten tooth in the jaws of the wall.

"Great-grandfather," he said, feeling a little silly using such an unwieldy title, but unsure what else to call him. "The light isn't working."

"Of course it's not – no power, you see?" the old man coughed. "This place burns through energy faster than I can keep up. Old bones are harder to heat than new ones."

Kyle wasn't sure if his great-grandfather was talking about himself or the house, but he was relieved when the old man leaned over the arm of his chair, rummaging in the drawer of the side table and pulling out a battered torch.

"Here, boy. Take this."

The light from the tiny bulb was feeble, but it was better than nothing. Kyle set off down the hall cautiously, hoping the kitchen would prove more modern than the rest of the house and might give some hints that he could expect to be fed before bedtime.

He was disappointed on both counts.

From the little he could make out of the cavernous room, it contained nothing more than an old-fashioned ceramic sink, several upright cupboards with their doors hanging precariously on their hinges like fingernails peeling off diseased fingers, and an ancient cooker with blackened gas rings surrounded by what looked like decades of soot. Finding a small fridge standing in the shadows, Kyle checked inside, hoping for something he could heat in the oven for supper. No light came on when he opened the door, the fridge as dead as the rest of the powerless household appliances. The single shelf inside contained something pink and fleshy wrapped in clingfilm, the smell it gave off so foul that Kyle slammed the door shut without examining it further.

Maybe we can order takeaway, Kyle thought, before remembering he hadn't seen a phone anywhere. *There must be something to eat in here somewhere.*

The lightning sparked again, its electric glare flashing from behind the heavy blind covering the window above the sink. Just for a moment, Kyle caught a glimpse of what looked like giant black legs scuttling across the walls, disappearing behind long tattered webbing that hung from the ceiling. He leapt back, pointing his torch at the place he'd seen movement, but the faint beam barely penetrated the gloom. It was as though the darkness in the old house ate the light, swallowing it down hungrily without revealing what the shadows concealed.

Kyle shuddered and grabbed the mug sitting on the edge of the sink. Its lip was chipped and the handle felt loose, but he wasn't about to go rummaging in the dingy cupboards to see if there were any glasses in there. The rusty metal tap creaked and groaned under Kyle's fingers, nothing happening for a long moment. Then, somewhere deep below his feet, there was a unpleasant gurgling sound, as though liquid was passing sluggishly through long-forgotten pipes. When water finally came from the tap, it was little more than a thick dribble, as frothy and viscous as saliva.

Kyle held the mug at arm's length as he hurried back up the hall, the putrid smell emanating from it making him gag.

"Sorry, Great-grandfather," he said, passing it to the old man reclining in the armchair, "but this was all that came out of the tap."

The old man seemed not to notice the smell or the syrupy ooze of the water as he gulped it down greedily.

"Ah… That's better," he sighed, setting the chipped mug down on his side table. As he did so, Kyle's heart leapt in hope. He hadn't noticed it before, but there in the shadows where the small table met the edge of the fireplace, sat an ancient telephone. A round dial was set in its brick-like body, a handset resting on a cradle above it. In the faint glow from the television, Kyle could see that it was covered in dust, but he was so hungry he couldn't help pointing to it and asking, "Great-grandfather, could we phone for a takeaway? I know you weren't expecting a guest tonight so you won't have anything in the kitchen for dinner, but my father would pay you back if we called for a pizza delivery."

His hopes were instantly dashed when the old man shook his head. "Can't call," he wheezed, looking more tired and worn out than when he answered the door. "No power. It's all used up. There's just the TV, and it's dying too."

He waved feebly at the screen where the flickering image did indeed seem to be dimming. Kyle felt a finger of dread claw its way up his spine at the thought of being left entirely in the dark in the crumbling house filled with strange noises and scuttling shadows.

"Isn't there any way to get more power?" he asked desperately. He wasn't sure how these things worked in old houses. At home, he simply plugged appliances in, flicking switches and pressing buttons to summon energy instantly. He had a vague idea that his parents paid monthly bills, but even that seemed to happen automatically with the transactions taking place magically through the ether.

"More power, you say?" His great-grandfather sat up, looking at him with interest for the first time. "We could pay the meter. There's a high cost, you understand."

"Great!" Kyle sighed in relief. "Whatever it costs, my father will be happy to pay it."

"You're sure?" The old man looked half doubtful, half eager.

"Definitely." Kyle nodded.

"That's wonderful." The old man gave him a gummy smile. For the first time, Kyle realised he had no teeth, just a gaping maw filled with a mottled tongue that looked unpleasantly yellow in the flickering rays from the television. He took a step back, revulsion turning his stomach once more. But the gurgling pangs of hunger won out, and when his great-grandfather wheezed his instructions for restoring the power, Kyle leaned forward eagerly, ignoring the shivers that ran up his spine.

"Go upstairs," the old man said, "and fetch the tin by my bed. You can feed the meter with that. It's the door at the far end of the corridor."

"*Upstairs*?" Kyle gulped.

"Or stay here and wait for the power to go off," the old man shrugged, leaning back in his chair. "It's up to you."

Kyle picked up the torch again and headed for the door. He was eleven, not some little kid. He could face a trip up the murky stairs if it meant he'd get a Hawaiian pizza with extra pineapple at the end of it. Besides, it would make a good story to tell the other kids at school on Monday.

Taking a deep breath, he switched on the torch again, crossed the hall, and started up the steep staircase.

The boards shifted and cracked under his feet, forcing him to reach for the bannister to keep his balance. The wood felt dry and flaky under his fingers, almost as though the rail was made of desiccated bone. There came another low rumble from somewhere below him. The stairs seemed to shift, and Kyle had the odd impression he was walking up the spine of some great, sleeping giant that was waking grumpily.

The darkness deepened as he ascended, until his torch made no more than the faintest dent in the suffocating gloom. Something brushed past Kyle's face, making him gasp out loud. He turned his torch to the wall, searching for the source of the strange sensation.

There were strips of yellowish wallpaper hanging in long threads all the way up the stairs, as though the walls were covered in peeling skin. Peering closer, Kyle shivered at the sight of the dark pink, fleshy-looking plaster underneath and the bone-like white patches showing through where chunks had crumbled away over the years.

He knew it was a trick of the feeble light, but it almost seemed as though the wall was pulsing like the innards of a dying animal.

Hawaiian pizza with extra pineapple, Kyle reminded himself as stepped onto the upper floor and started down the corridor. *Hawaiian pizza with extra... Ugh.*

A crooked door lay open halfway down the hall, his torchlight glinting off a filmy surface that Kyle thought must be a bathroom mirror. It wasn't the bleary reflection giving the impression of a crusty eye covered in a cataract that made Kyle turn away without inspecting the room further. It was the terrible stench that rose from the bathtub – a foul mix of mildew tainted with decay and the bite of old copper.

Hawaiian pizza with extra pineapple... Kyle chanted silently to himself as he reached the end of the corridor and stepped through the open door into his great-grandfather's bedroom.

The smell of rot was less strong in here, but the darkness seemed even more oppressive. His feet sunk into what he assumed was a deep carpet, but when he aimed his torch at the floor, he regretted it instantly. The hairy surface was alive, many-legged creatures scuttling and slithering their way through the matted tangles.

It's all just my imagination, Kyle told himself desperately, ignoring the bile that rose in his throat and the knots of fear that writhed in his stomach. *It's just the shadows playing tricks on me.*

Hurrying to the window and pretending not to notice

the unpleasant crunching and squelching sounds his shoes made as he crossed the carpet, he searched for the cord to draw up the window blind. His fingers recoiled at the thick, veiny feel of it, but gritting his teeth, he forced himself to pull hard, desperate for more light to see by. The blind opened slowly, but Kyle was disappointed to find the windowpane was so dirty it let in little extra light.

Pulling his sleeve over his hand, he tried wiping the window, but the surface grime was so thick it smeared across his jumper like snot without leaving more than a small patch of greasy glass clear. Leaning closer, Kyle looked out. The window faced the overgrown front garden, the street beyond the high hedge lit up every few moments by flashes of lighting. Despite the driving rain that obscured everything, Kyle had the strange sensation that he'd seen the view before, downstairs on the flickering television screen…

Something long and hairy wrapped itself around Kyle's ankles, making him cry out and drop his torch. He froze, feeling the strangely fibrous thing unwind slowly and crawl away across his shoes. His heart pounded at the thought of kneeling down and feeling around in the shifting strands of the carpet for the torch that had gone out, but being left blind in the pitch dark seemed even worse.

Fortunately, his hand found the torch again before it

connected with anything worse.

Switching it on and giving it a shake to reconnect the faulty wires, he pointed it at the floor where he'd felt the long, sinewy thing creeping. He was just in time to see it slither under the bed where the puffy edge of the quilt met the carpet.

Kyle blinked. The bed was as bloated and fleshy looking as the armchair and sofa downstairs, the covers seeming to throb feebly in the gloom.

It was too much for Kyle to take. He was moments away from abandoning his quest, when his eyes alighted on the outline of something square sitting on the bedside table. Without stopping to examine it, he snatched it up, running blindly for the door and careering back down the corridor. Stumbling down the stairs two at a time, he charged into the living room, thrusting the box at the old man and gasping, "I've got it! You can feed the meter now!"

His great-grandfather turned his attention from the TV with obvious effort. In the dying light, he looked even older and more faded than he had just a few minutes ago.

"I can't do it!" he rasped. "I'm too old to fix the power problem. You'll have to go down."

"Go down… where?" Kyle gulped, his heart sinking even further.

"To the basement. The door's under the stairs. Bring

that," his great-grandfather said, pointing with a trembling finger.

Kyle glanced at the box he still held in his hand. It was an old-fashioned biscuit tin, its edges so rusty he was doubtful he'd even be able to open it. Giving it a tentative shake, he heard what sounded like coins rattling inside.

"What should I do when I get to the meter?" Kyle asked. He had no idea how things worked in an ancient place like this.

"It's not hard," his great-grandfather wheezed. "You'll see."

Another coughing fit shook his old bones, and by the time it was over, he was looking even more shrunken and frail than ever. The television had faded to a ghost of a flicker, and the red glow from the electric fire was so feeble it was barely detectable in the grate. The light from Kyle's torch was fading so fast it would soon be no more than a memory. If he wanted to restore the power and get that pizza ordered, he'd have to go now or they'd be left in total darkness, with only the flash of lightning outside and the scuttling in the walls for company.

Kyle could bear the thought of *anything* but that.

"Alright, I'll be back in a minute," he said, hoping that was true.

He couldn't be sure, but turning back at the door, he

had the odd feeling that his great-grandfather was smiling at him from the shadows.

Halfway down the long hall, Kyle's torch suddenly went out.

"No, not yet!" he gasped, giving it a hard shake. It flickered back to life, even dimmer than before. Kyle shivered. The house was even colder than when he'd arrived. If only there were…

"Oh!"

In the faint torchlight, Kyle saw that there was indeed an aging radiator attached to the wall opposite the stairs. Its white paint was flecked and yellowing, and it looked strangely ribbed as though the rusting metal was stretched over old bones. Something was dripping from its base, pooling darkly on the floorboards. In the dim light, it glistened faintly like fresh blood.

What was it Kyle's father had said only last week? *"I'll need to bleed the radiators before the bad weather starts…"*

That didn't mean what Kyle thought it meant, did it?

He was too scared and cold and hungry to want to puzzle that one out. Pushing all other thoughts away, he focused on the task at hand. Feed the meter. Nothing else mattered. They must have power, no matter what.

The door to the basement stood open. Kyle stopped

dead, his heart pounding harder. He had passed it on his way to the kitchen. He was sure it had been closed then. Now, it was almost as though the yawning mouth was waiting for him.

Don't be stupid! Kyle told himself. *Just go down, feed the meter, then sit back in the warmth and the light and wait for that Hawaiian pizza with extra pineapple. It'll be worth it, whatever's down there.*

He instantly wished he hadn't thought that last bit. What if the basement had more of the scuttling legs he'd seen in the kitchen and the slithering things he'd caught a glimpse of upstairs?

His fading torchlight made up his mind for him. The batteries were dying. A few more minutes, and there would be no light left in the house whatsoever.

Kyle took a deep breath and stepped down the stairs.

His feet clacked on something hard and white – concrete perhaps? He knelt down to look, determined not to be caught unawares by anything scuttling over his shoes again. There were darker spots on the steps that looked like they'd been filled in, the way a dentist filled teeth with amalgam. Kyle couldn't see anything beyond the faint circle of torchlight. He had no idea how far the steps extended down into the dark, or where the power meter might be.

One thing he did know, was that the further he descended, the warmer the air seemed to become. So warm, in fact, that it quickly became stuffy and oppressive. There was a unpleasant odour down there in the dark that left a nasty taste in Kyle's mouth. It was the same bitter tang that lingered when he'd eaten something that disagreed with him and been sick. His stomach gurgled, bile rising in his throat. At the same time, there was an answering gurgle from down below, louder and hungrier in the dark.

It wasn't until Kyle reached the last step and shone his dying torch into the depths of the basement, that he finally understood how the old house would be fed with more power.

By then it was too late.

His torch gave out just as the basement door slammed shut.

In the darkness, there was a loud slurping sound, followed by the wet smack of chewing and the gurgle of something passing down a digestive tract.

Upstairs in the living room, the TV hummed back to life, the red fire pulsing in the grate with renewed vigour. The old man settled back in his armchair, sighing in contentment as the power came back on.

"Lovely," he sighed to himself. Picking up the telephone handset, he turned the dial carefully, calling the pizza delivery shop in town for his evening takeaway.

Have Yourself a Greedy Little Christmas

Jemima was a spoiled brat. Everyone said so.

That wasn't entirely fair, as her parents had done their best to instil decent values into their eldest daughter. They'd taught her that sharing with her younger sisters was a nice thing to do. They'd taught her that 'please' and 'thank you' were polite words. They'd taught her that snatching the last piece of cake and hoarding the biscuits so her sisters couldn't get any was mean, and that stealing their toys was downright nasty.

Unfortunately, Jemima ignored absolutely everything they taught her. The problem wasn't that she was spoiled. The problem was that she was just a brat, and there was nothing anyone could do about it.

Not until the Christmas that Santa didn't come.

When her parents explained that this year, Santa wouldn't be able to put in an appearance because her father had been made something called 'redundant', their house had been something called 'repossessed' and they were now living in her aunt's pokey two-bedroom apartment and using up more of something called her 'welfare money' than she could spare, Jemima screamed with rage.

It wasn't just because she felt she deserved presents. She felt that Santa *owed* her.

He owed her for that time she'd spent an entire weekend writing him a ten-page letter, only to receive three of the two-hundred and fifteen presents she'd listed in it. He owed her for the time she'd asked for the luxury doll she'd seen Princess Lucinda carrying on TV, only to receive the budget version from the local supermarket. He owed her for the time she'd asked for a flying carpet like the one in her favourite cartoon, only to receive a plastic scooter she was indignant to discover she'd actually have to propel along the ground all by herself.

By the time she was eight years old, she was a seething mass of resentment at the yearly injustices she'd suffered at the hands of the fat old magician who couldn't even be bothered to use decent glitter paper rather than the bargain wrap they sold in the pound shop.

She was owed, owed, owed, owed, *owed.*

And this year, she was going to get her own back.

Santa might not be visiting them at her aunt's place this Christmas, but he would be stopping by the apartment down the hall. That's where Molly Green lived with her granny. Molly was five, just like Jemima's twin sisters, and she'd overheard Molly's granny tell her that she'd been such a good girl this year that Santa was sure to bring her the talking teddy bear she'd been asking for.

Jemima had flown into another fit of rage at that. Why should Santa bring that simpering little cry-baby whatever she wanted just for being *good*? What was so special about being good? Anyone could be 'good'. The twins were 'good' – everyone was always saying so. That was what made them so absolutely insufferable. No, what really made someone special, was being *clever*.

Jemima knew she was clever. She was clever enough to have worked out where her aunt kept her spare key to Mrs Green's apartment for her Monday and Thursday cleaning job. She was clever enough to have pinched it on Christmas Eve and hidden it under her pillow so her parents couldn't find it when they put her and the twins to bed. She was clever enough to wait until the whole house was asleep and the clock was showing a quarter to midnight before she snuck out of bed with the key and pulled on her coat in the hall.

Her aunt was snoring in her own bedroom and her parents had finally fallen into an exhausted sleep in the living room after spending all evening trudging round every supermarket in town trying to find enough last-minute bargains to put together a Christmas dinner for the family the next day. Jemima had seen the turkey they came home with. It was pathetic. A shrunken little thing with hardly any meat and no stuffing. The other shopping bag didn't have the Christmas pudding Jemima expected either. She'd checked. It was just half-price Brussel sprouts and parsnips.

Trust her stupid parents to spoil everything. If she left it up to them, this was going to be the worst Christmas ever.

Fortunately, she was smarter than her stupid parents. Smarter than stupid Mrs Green across the hall. And smarter than stupid, *stupid* old Santa Claus.

Jemima stood on her tiptoes and slid the bolt across the door, undoing the safety lock and wincing at the loud click it made. She waited for a moment, but nobody stirred. Of course not. The twins had tired themselves out making ugly paper chains to decorate the living room and her aunt had sat up late making the world's lamest crackers out of cardboard and recycled wrapping paper. It was as if her entire family had gone out of their way this Christmas to prove what a sorry lot of losers they were.

Jemima was going to prove to them all how clever she was in comparison. And she was going to make Santa sorry for not treating her with the respect she deserved.

Opening the door softly, she tiptoed into the hall in her slippers. The strip lights buzzed overhead, the sound grating on her nerves as she crossed to Mrs Green's door. It had a plastic holly wreath on the knocker and a banner saying 'Ho Ho Ho' hung beneath. Mrs Green had old-lady tastes. She wore too much lipstick and smelled of dead flowers. She probably wore an old-lady nightdress to bed and put her false teeth in a glass next to her pillow. Jemima wondered if she should check to see if she was right as she opened the door with her stolen key and crept inside, but she decided she had better things to do.

It was nearly midnight, and Santa would be here soon. She had to hurry.

Sneaking into the living room, she went straight to the window. She knew exactly what she had to do. She'd planned it all last week when she'd come in here pretending that she wanted to help her aunt with her cleaning job. Her aunt had praised her, telling her what a good girl she was, but then she'd looked a little disappointed when Jemima spent the whole afternoon siting on the sofa eating Mrs Green's biscuits while she mopped and dusted round her. Jemima had got what she came for, though. She'd scoped the place out and discovered there were floorboards in the living room instead of carpets, and there was a big tube of superglue in the kitchen drawer above the cupboard that held the cleaning fluid and sponges. Jemima had swiped the superglue straight away. She didn't want to risk coming in tonight and finding it had been used or thrown away just when she needed it.

Stepping up to the window, Jemima looked out at the snowy street. It wasn't a nice street, like you saw on expensive Christmas cards displayed in shops her parents never went into. It was a cheap street lined with rusty cars parked outside dingy apartment buildings. Even the snow looked like it came from a second-hand store. It was all churned up and covered in muddy boot prints, a line of filthy grit running down the middle of the pavement.

Jemima scowled at the sight. When she was older, she wasn't going to live like her parents – scraping money together to buy ugly clothes instead of fashionable outfits, scrimping to afford dull days at the seaside in summer instead of splashing out on exciting adventures abroad like Jemima's classmates, and always serving up boring steamed vegetables and shrivelled sausages instead taking the family out for yummy food in posh restaurants. Jemima was sick with longing for all the things her parents couldn't give her.

Santa had no excuse. He hadn't lost his job at the toy factory. He was just a mean old man who'd decided not to bother with her this year.

She'd show *him* who was boss.

Jemima pulled the big tube of superglue from her coat pocket where she'd hidden it and unscrewed the lid. Squatting down, she squeezed it over the floorboards underneath the window. When she'd managed to extract every last drop, she stepped back and admired her handiwork. In the moonlight, the glue glittered like magic ice on the polished wood. She hoped it would work like a charm.

On the mantelpiece, the clock chimed softly – ten, eleven, twelve times. Jemima scurried behind the sofa to hide. She didn't want Santa seeing her through the window and working out her plan before she got what she wanted. She was too smart for that. She was smart enough to know there was no way the fat old wizard – even with all his magic – could come down a chimney that was only pretend and then squeeze himself through the tiny bars of an electric fire. Her aunt's horrible old apartment building didn't have real fireplaces like the homes that decent people lived in. It just had tacky fake fireplaces with little electric fires that cost a lot to run and hardly gave off any heat.

That's why Jemima had been smart, and put the superglue under the window. She'd asked years ago – when they'd lived in a rundown old house that was still better than her aunt's dump – how Santa was supposed to get down the chimney when they had a gas fire with fake coal and glass over the front. Her parents had exchanged glances like they were too stupid to know the answer, then her mother had told her that Santa came through the window if he couldn't get down the chimney. That made sense, at least. Jemima had wondered why people kept putting up those ugly pretend Santa on the walls of their houses every year. It must be because Santa could climb walls like Spiderman in the cartoons.

Jemima was just about to peek over the sofa to see if she could see anything out the window, when she noticed the Christmas tree in the corner of the room. The clouds had parted and the moon was high in the sky now, lighting up the places that had been in shadow when she'd come in. She could see the tree clearly. It was one of those ugly plastic monstrosities they sold in the shopping centre in town, with stringy tinsel and fairy lights that lasted for about a day before the bulbs blew.

That wasn't what made Jemima gasp. It was the sight of the small pile of gifts underneath wrapped in cheap paper and addressed to Molly.

Santa had already been. She'd missed him.

Jemima jumped up, her cheeks already red with rage at the thought of having to wait another whole year to exact her revenge. Turning to leave, she came face to face with the figure standing in front of the window. For the first time ever, Jemima was lost for words.

The figure spoke for her.

"Well, Jemima," the old man in the red suit said. "It

looks like I'm stuck."

A slow smile spread over Jemima's face. Her plan had worked! Alright, so she hadn't heard him open the window and slide his fat bum over the sill while she was crouching behind the sofa, but he *was* magic, after all. And with all his magic and mystery and oh-so-superior 'I'm Father Christmas and I'll decide what you'll get every year depending on some arbitrary measure of how boringly *good* you've been', she – Jemima Kemp – had beaten him at his own game.

"You're standing on superglue," Jemima said smugly. "*I* put it there." She was grandstanding a little, but given that he was an ancient wizard who could circle the world in a single night and she was eight years old and had only just learned her four-times table, she thought she'd earned the right.

"I see." The old man peered at her severely from under his white eyebrows. He didn't look worried. He wasn't begging to be released. He wasn't even breaking a sweat. It was a little disconcerting.

"So what happens next?" he asked her.

Ah. *This* was part of her plan. She knew her lines from this script.

"Now you give me every present I've ever wanted," Jemima said with a self-satisfied grin.

"What, all eight thousand, six hundred and ninety-two of them?" Santa raised one of his eyebrows at her.

Jemima blinked. Was it really as many as all that? Well, she supposed if she counted all the times she'd coveted toys she'd seen on TV, whined at her parents to buy her things they couldn't afford from the shops, or glowered when her schoolmates boasted about birthday gifts she wanted for herself, it might just add up to a figure like that.

"Yes," she said. "All… however many it is."

"Are you *very* sure?" Santa asked her again.

Oh, for goodness' sake. Jemima rolled her eyes at him. Santa must be about a billion years old by now. It was no wonder he was getting a little senile .

"Yes," Jemima held out her hands impatiently. "I want them all *now*."

"Very well." Santa set down the black sack that was slung over one shoulder and gestured at it. "They're all yours."

Jemima lunged for the sack so fast she forgot all about the superglue. She'd got her bottom stuck to the floorboards before she even realised what she was sitting on. No matter. All that was important now was the lifetime of presents she was owed.

Santa crossed his arms and watched her, an odd look on his face that she couldn't quite decipher. She didn't try. She snatched at the presents inside the sack, ripping the bright paper eagerly and giving each gift a cursory glance before tossing it aside and reaching for the next.

The mound of presents and paper climbed higher and higher, thrilling Jemima when she saw just how much she owned, how much she was *owed*.

The excitement was making her a little giddy. It wasn't until a sudden sharp pain shot down her finger that she finally paused. Holding it up to the moonlight, she saw a line of blood beading around the papercut sliced across her skin. Her hand moved instinctively to her mouth to suck it, but she suddenly realised she wasn't in full control of her limbs. Her hands flew back to the sack, pulling out yet another present and ripping off the paper.

"Ow!" Jemima yelped. "That hurt!"

Another sharp pain. Another trickle of blood, this time running down her wrist.

"Keep going," Santa told her. "You've still got another seven thousand, nine hundred and eighty-eight to go."

"But I don't want—"

Without warning, her hands flew to the sack again, pulling out another parcel and tearing so fast at the wrapping that the paper sliced deeper into her fingers.

"Argh! Stop it!"

Another cut. And another.

"I've had enough! I don't want any more presents!"

More blood. Blood on her hands. Blood on her nightdress. Blood on the floor.

And on she tore. On and on until the night was long gone and the pale light of morning lit up the shabby street, making it suitably bright and cheery to welcome Christmas Day.

Molly Green was the first one in the apartment building to stir. She'd been good all year, and she just *knew* Santa was going to bring her the talking teddy bear she'd been desperate for. Her granny had even told her so. Running into the living room, her eyes lit up when she saw the packages under the Christmas tree. There were five of them, and the biggest one was the exact size and shape of the present she'd been hoping for.

She was just crossing to the tree, when her slippers skidded on the polished floorboards. She looked down. There was a pool of dark red, sticky liquid covering the floor, surrounding something curled up under the window. The hunched shape rocked back and forth, two bloody stumps clutched to its chest.

It wasn't until Molly saw the ten greedy little fingers superglued to the floor next to it that she began to scream.

A Boy's Best Friend

"I'm sorry, Toby, but Horace is old, and it's just his time to go."

Toby sniffed, wiping his nose on his sleeve. He knew his father was right – he'd known this was coming for weeks now. Horace had been limping around and whining with pain all summer. When he stopped eating three days ago, Toby knew it was the end. Horace *never* stopped eating. He ate *everything*.

Despite his small size, he climbed onto tables and counters to reach food sitting high out of reach. He'd learned to open the fridge, raiding its contents and chewing his way through milk cartons, plastic bottles and Tupperware containers until they were forced to put a lock on the door. One time when he'd been left alone in the house for a few hours while the family were at the cinema, he'd eaten his way through a sofa cushion, two bath towels, and half the contents of Toby's toybox.

His father said it was because Horace was a rescue dog and he hadn't been fed properly when he was a puppy. That's why they'd called him 'Hungry Horace' when they picked him out at the dog shelter. The way he was chewing on the wire of his cage like he was starving was the saddest thing they'd ever seen.

It had been a challenge keeping Horace fed often enough to stop him destroying the contents of their house, but it had been worth it. Horace was the most loyal, affectionate pet the Cooper family could ever have wished for. He always came whenever he was called, no matter how interesting the walk might be and no matter how many exciting smells were tempting him to stray. He sat when he was told, rolled over on command, and even let little Sally pull his ears and tail, licking her face instead of biting if she tugged too hard.

He was Toby's best friend, and it broke his heart to have to say goodbye.

"He won't feel it, will he?" he asked the vet. He couldn't bear the thought of Horace being in any more pain.

"No, he'll just go to sleep, but he won't wake up," the vet said gently, filling a syringe.

Toby stroked Horace's head as he lay panting on the examination table. He could feel the old dog's body trembling under his hand as the vet eased the syringe in, his breathing slowing and finally coming to a stop when he finally found peace. Toby squeezed his father's hand, a single tear running slowly down his cheek and splashing onto the nose of the dog who'd been his constant companion since he was old enough to walk.

Later that day, after his father had dug a deep hole and his mother had wrapped Horace in a soft blanket, Toby stood in the garden for an impromptu pet funeral. Sally was three and not quite old enough to understand what was happening, but Toby was nearly nine and knew only too well that a dog that was dead and buried couldn't come back to play with him.

Toby bit his lip when his mother laid the blanket in the hole and his father started shovelling dirt back over it. He hated the thought of Horace being down there in the dark, all alone and probably hungry. He wished he'd thought to put some of Horace's favourite dog biscuits in the hole next to him instead of just his favourite squeaky toy, but it was too late now. At least he was buried next to the rose bush. He loved the pink flowers. As soon as they were open in May, it was the first thing in the garden he would eat every year.

"You're being very brave," Toby's father said, ruffling his son's hair. Toby didn't feel brave. He felt sad and empty, like there was a big hole inside him he would never be able to fill.

"I know it hurts now," his mother said gently, "but one day we could maybe get a puppy to—"

Catching her husband shaking his head at her, she swallowed the words back down. It was too soon to think about that.

*

It was a full year before Toby could even consider the idea of getting a new dog. In the end, it was Sally's constant nagging that finally made him give in to his parents' more gentle promptings. Sally had been merely annoying when she was a baby. Then, she'd turned into a disagreeable toddler. Now, at five and a half, the almost unanimous verdict was that she'd become an obnoxious brat who insisted on having everything her own way or she'd wail the house down.

It was easier just doing whatever Sally wanted. And if she wanted a dog, despite everyone knowing she would lose interest in it within a week, then the family would get a dog.

Toby gritted his teeth and nodded when his mother said a lady from her coffee club was willing to sell the family one of her spaniel's puppies. At least it wasn't an Irish terrier like Horace had been. He wasn't sure he could have borne the constant reminder that Horace had been replaced by something that *looked* like him, but *wasn't* him.

The spaniel was nothing like Horace. Willow was an excitable puppy with an overactive startle complex, her nerves wired to a hair trigger that seemed to be forever firing. It took Sally a grand total of three days to decide she didn't like the new dog who wouldn't sit when she ordered it to and whined loudly when she pulled its ears.

"Sally, you need to stroke her gently, like this," Toby said, showing his sister by running his hands over the puppy's back. Willow shook like a blade of grass in a strong breeze at his touch, but at least she didn't whine. Not satisfied by the tepid reaction, Sally tugged Willow's tail as hard she could, grinning in satisfaction when Willow shot out the back door and into the garden with a loud howl.

"Sally! That wasn't nice!" Toby told her.

"Nice is boring. You're *boring*, Toby," Sally scowled back.

Toby gave up and went to play with his construction kit in his room. There was little point in trying to build anything complex – Sally would sneak in when he wasn't looking and break his sculptures to pieces before he could finish them – but he liked to experiment with fitting cogs and wheels together to learn how they worked.

He spent a happy hour before bedtime putting together a small crane and dismantling it again, but just as he was clearing away his tub of screws and levers, he noticed something odd from the window. Below in the moonlit garden, Willow was digging frantically in one of the flower beds. His heart skipped a beat when he realised her paws were scrabbling at the soil right next to the rose bush.

He dropped the tub and ran downstairs, hoping he'd be quick enough to stop the puppy before she reached the bottom of the hole. His mother was talking on the phone to her sister, and from the wails emanating from the bathroom it was clear his father was giving Sally her nightly bath. There was no time to enlist their help.

Toby didn't even change his slippers for shoes before he ran into the back garden. The grass was damp and his mother would be annoyed at the footprints he'd leave on the carpet when he came in, but he didn't care about that right now. He just needed to stop Willow before she disturbed the grave she was digging in.

He was too late.

He found her crouching on the grass, gnawing on a long, meaty bone. There was a small pile of them lying on a mouldy blanket next to her that she'd pulled up from the hole. Under her paws was a squeaky toy that she guarded jealously, claiming ownership as her finder's fee. At Toby's approach, she arched her back and growled at him in warning. She wasn't going to give up her feast without a fight. Toby, however, was too familiar with dogs and their tricks to allow her to win this one.

One sharp smack on the nose was sufficient to make her drop her treasure and run howling back to the house.

Toby fell to his knees, his hands shaking as he placed the scattered bones back in the tatty blanket along with the old plastic duck that seemed to have lost its squeak. He tried not to think about what he was touching, about what those bones represented. It was too horrible to contemplate. Instead, he told himself he was planting one of his mother's flower bulbs, only this one was as big as a football and rattled strangely when it was dropped back into the hole.

Using his hands, he scooped the earth back into the pit Willow had dug, patting it down when he was finished and trying to picture Horace sleeping peacefully once more. It was no use. The image of Willow gnawing on a bone with a piece of fur still attached filled his head, his stomach knotting with the effort not to be sick. He'd thought he was over the worst of the grief, but the choking lump that rose in his throat told him he was wrong.

"I miss you, Horace," he whispered, giving the earth one last pat and wiping his hands on his trousers.

He froze. Just for a moment, he thought he'd heard a high-pitched squeak.

He glanced at the open kitchen door, then back at the flower bed. The sound hadn't come from the house. It had come from the distance, but not from the park on the other side of the estate, or from the road where cars were hissing past through the puddles left by the evening rain.

No, the sound seemed to have echoed up from the

depths of the earth below him.

Wishful thinking, Toby decided. That was a phrase his dad used a lot these days, mostly when his mother talked about adding a conservatory to the end of the house or saving up enough to get the attic converted into a spare room for guests.

Still, he couldn't help pausing and looking back when he reached the doorstep, listening hard. There was nothing but the whoosh of cars on the road, the rumble of plastic wheels on tarmac as their next-door neighbour put her bins out for tomorrow's trash pick-up, and the pitter-patter of rain on the streetlights as a fresh shower began to fall.

Toby turned back to the house, swallowing a mouthful of bitter disappointment and salty tears.

His mother was still on the phone in the living room, giving him time to wash his hands at the kitchen sink and scrub the worst of the dirt from under his nails. He knew he should probably tell his parents, but he was worried that if he did, they might suggest moving Horace to the newly opened pet cemetery on the outskirts of town. It was a full forty-five minutes away on the bus, and he'd hardly ever get the chance to visit. Toby couldn't stand the thought of that. He'd got used to his routine of crouching by the rose bush every day after school to whisper his secrets to Horace, telling him how his day had been, who had been mean to him, and what he was looking forward to.

These days, he mostly told Horace about Sally.

Her shrill voice carried right through her bedroom door and filled the whole house, her fretful complaints continuing the whole time it took Toby to give his mother a goodnight hug, take a shower, and pop his head into her room to say goodnight to her and their father. His father looked relieved to see him, holding the book out and suggesting Toby might find one that Sally liked. But as usual, Sally scowled and told Toby he wasn't welcome in here, his stories were stupid and he read like a robot, and anyway, boys smelled like pigeon poop and cat wee.

Toby chose not to argue with her. He'd learned the hard way not to correct his sister's assertions.

Instead, he climbed into bed, switching off his lamp and waiting for Sally's peevish whining to finally fade to a low mutter, signalling to the whole house that at last, it was safe to let their guard down and relax for a few hours. Toby usually drifted off to sleep soon after, but tonight, he lay awake for a long time, one ear turned to the window, listening for any hint of the faint but familiar sound he thought he'd heard in the garden.

*

It wasn't a bark that woke Toby in the middle of the night. It was a softer sound, a feeble scratching at his bedroom door as though a sickly rat was scrabbling at the wood.

"Willow, go back to bed," Toby muttered, turning over and pulling his pillow over his head. The puppy was supposed to be shut in the kitchen at night. His father must've left the door open and now she'd come upstairs for attention. He wasn't going to encourage the new dog by giving her any. Toby had suffered from night terrors when he was Sally's age, and his mother had let Horace sleep on the end of his bed to comfort him. She'd grown too houseproud to let the new dog slip into that bad habit, insisting that Willow must learn her place was downstairs.

Toby hoped the new puppy wasn't going to turn out to be as wilful and stubborn as Sally. He didn't think his parents could cope with another miniature dictator in the house whose every whim had to be catered for.

The scrabbling sounded again, more insistent this time.

Toby resisted the urge to switch on his bedside lamp. He was too old to be scared of the dark. If Billy at school knew he still pulled his covers over his head when the moon cast dancing shadows of trees on the walls or when he heard the creak and groan of the radiators cooling, he'd have the whole class laughing at

Toby at break time. Toby had to learn to be brave, just like he was when Horace died.

He couldn't help wishing Horace was still here. He'd never been afraid when Horace was lying at the end of his bed, ready to protect Toby from the horrors of his own conjuring.

Toby screwed up his courage and threw his covers off, tiptoeing to the door to listen. The noise had stopped. Pressing his ear to the wood, he concentrated hard.

Yes. There, on the other side. Something was sitting right outside in the hallway. Something that was *breathing.*

"Willow?" Toby asked softly. The new puppy hadn't learned her name yet, but she might respond to the sound of his voice.

She didn't. The soft panting sound was the only reply.

Slowly, cautiously, Toby opened the door.

There was nothing there.

Toby felt a wave of relief wash over him. But when it ebbed away, all that was left were the bitter dregs of disappointment and an empty ache as deep as the hole by the rose bush. He wasn't sure what he'd been *hoping* to see instead of *expecting* to see. He'd expected to see Willow. But he'd been hoping to see… What? He didn't dare name the strange desire, even to himself.

Closing the door softly, he ran back to bed, pulling the covers over his head again the way he'd been doing ever since Horace was put to sleep by the vet. He hated the dark, but he was too scared to move in case whatever was out there saw him, or worse, he saw *it*. He wished Willow had been at the door. He really wanted the reassuring presence of something living to comfort him in the dark. He wasn't going to encourage Willow to start sleeping on his bed, though, the way Horace had. The nervous puppy was probably even more scared of the dark than he was.

In the black room beyond the safety of his bedsheets, something was moving.

Toby could hear a faint shuffling on the carpet and a panting sound that was coming closer.

He held his breath.

Then, all of a sudden, a heavy weight landed at the end of Toby's bed, just beyond his feet. He stifled his cry and fought the urge to curl into a ball. He didn't want to move. He didn't want *it* to know he was awake.

And he stayed awake, the whole long, dark night, listening to the ragged panting and feeling the crushing weight of something that filled the bottom of his bed with the enormity of its absence.

*

In the morning, the weight was gone and the panting sound was just a distant memory. They weren't the only things missing in the house.

"Toby!" His mother greeted him with a scowl when he came down for breakfast. "What on *earth* were you up to last night? Look at the state of this place!"

Toby rubbed his eyes to make sure he wasn't dreaming. The kitchen had been turned upside down. Every cupboard was open, every food packet torn apart, their contents either gone or scattered across the countertops. The fridge was hanging open, packets of defrosted mince and bacon torn apart and cartons of milk punctured and spilling their content over the floor.

"Toby's a greedy pig," Sally pronounced, smirking at her brother from behind her poptart and savouring the delicious satisfaction of knowing he was in deep trouble.

"I didn't do this!" Toby protested. "It must've been Willow!"

He glared at the puppy who was lying in her fluffy dog bed under the table, her whole body trembling like she'd spent the night in a war zone. She whined softly and laid her head on her paws, her wide eyes watching him warily. She didn't look guilty – she looked terrified.

"Willow's mouth is too small to have pulled all these packets apart!" his mother said, holding up an empty bacon wrapper that was ripped to pieces. "And I would have found her covered in mess when I came down this morning if she'd done all this."

"Well, if *I* did it, then how come *I'm* not covered in mess?" Toby shot back.

His mother glowered at him, stymied by the logic of an eleven year old.

"We'll talk about this when your father gets back," she muttered. "He's had to go to the supermarket early to replace everything. Here, you can have the last poptart, it's all that's left for breakfast." His mother took it from the microwave and placed it on a plate. As soon as she turned her back, Sally swiped it, licking it from base to tip with a tongue covered in jam. Then she held it out to him, her nasty smile daring him to tell on her when he was already in trouble.

Toby ignored the provocation, saying instead, "Dad said he'd take me to the swimming pool this morning while Sally was at her piano lesson."

"I told you, he's at the supermarket," his mother snapped, sweeping the tattered remains of torn packets off the counters and into a bin bag. "He wouldn't have had to go if all this mess hadn't been made last night, would he? You can take Willow for a walk instead, she hasn't been out this morning."

Toby pushed Sally's hand away that was trying to stuff the spit-covered poptart down his pyjama top and went back to his room to get changed. He might've known he'd get stuck with dog-walking duties, even though Willow was more Sally's puppy than his. His mother was right, though, Willow was too small to have caused the chaos in the kitchen last night. Maybe it had just been another of Sally's mean tricks to get him grounded or have his pocket money docked.

Throwing his pyjamas on his bed, he ran his hand over the indentation where the blankets had been tucked into the space between the edge of the mattress and footboard. It not only looked as if something had been sitting there, the spot also felt warm, as though whatever had been there had only just got up and left.

Toby frowned, hurrying downstairs and fetching Willow's leash from the cupboard in the hall. She wagged her tail feebly when he clipped it to her collar, but he had to tug hard to get her to stand up and follow him out the back door, Sally's singsong voice fading as he walked to the gate.

"Toby's a greedy pig pig pig, and he's in big big big trouuuuu-ble!"

Glancing at the rose bush as he passed, Toby noticed that the flowers were all gone. That was odd. They'd been there last night when he'd refilled the hole. Maybe Sally had pulled them off too. Destroying his mother's hard work just for the fun of pinning the blame on him seemed like exactly the kind of thing she would do.

Just for a moment, he wished it was Sally who'd been put to sleep by the vet, wrapped in a blanket and placed in that hole.

That's a mean thing to think, Toby Cooper, he told himself, feeling instantly bad. *She's your sister. She's more important than a dog.*

He hoped if he reminded himself of that often enough, he'd finally come to believe it was true.

*

It was Saturday morning, and the park was busy. Toby kept Willow on her leash, not trusting yet that she wouldn't just run off and refuse to come back when she was called. She wasn't showing any signs of trying to get away, though. She stuck to his heels like glue as he walked across the estate, her tail between her legs and her head low to the ground. Glancing behind them repeatedly, she whimpered in fear and gazed up at Toby for reassurance.

Looking back, Toby couldn't see anything. He wished their new dog wasn't such a coward. Horace hadn't been afraid of anything. He'd even faced down a much bigger dog in the park once that had been growling at Toby. He longed to have that feeling of safety and protection back again.

He missed it even more when they'd circled the park

and were passing the swings. Billy, the school bully, jumped up as soon as he saw Toby, his eyes glinting with glee.

"Hey, Toby pissy-pants, you wet the bed again last night?"

Toby gritted his teeth and kept walking. He'd made the mistake of admitting he'd wet the bed once when the boys in class were playing a game of truth or dare four years ago. He'd never heard the end of it since.

"Hey, pissy-pants, I'm talking to you!"

Willow whined and cowered closer to Toby as the shout got louder, Billy chasing after them down the hedge-lined alley that led back to the estate. Toby found himself fighting the urge to kick her as she tripped over his feet in an effort to get away. He was equal parts disgusted at her and disgusted at himself, seeing his own fear reflected in the eyes of the whimpering puppy.

"Hey! Pissy-pants, wait up! I'm going to—"

The jeers stopped abruptly. There was a strange sound in the alley behind Toby – half muffled cry and half slurp. When Toby stopped and turned around, Billy was gone. One of his shoes lay on the path, the laces ragged and torn as if they'd been chewed by hungry teeth.

Willow howled and strained at the leash, desperate to get away.

Toby stood still, a slow smile playing on his lips as his doubts crystallised into understanding.

"Good boy," he whispered, to nobody in particular.

*

"But I want Willoooooow!" Sally howled, punching her father on the leg when he tried to pick her up and comfort her.

"We'll look again in the morning, pet," her father soothed. "You need to go to bed now."

Toby hid his smile as their father carried his wailing sister upstairs, turning back to the TV and taking a sip of hot chocolate. Willow had gone missing from the garden that evening. One minute she'd been sniffing around the rose bush, the next, she was gone.

Despite how little she liked the dog, Sally had used the puppy's disappearance as the perfect excuse to demand attention, screaming the house down that her doggy must be found *this instant* or she'd die of a broken heart. Her parents had dutifully taken turns to scour the whole estate, knocking on all their neighbours' doors and asking them to keep an eye out for the puppy. Sally had used the drama to justify her unreasonable demands for ice cream, jelly, chocolate cake and an extra plate of cookies.

She'd smirked at Toby across the dinner table as

their mother hurried to get her another helping of strawberry pudding.

"You're not getting any," she'd sneered, "because it's not your dog that's missing. Your dog is dead dead dead and in the ground."

She'd been more than a little disturbed when Toby merely smiled back knowingly and whispered, "Is he? Watch out you don't eat too many sweet things, Sally, or you'll make yourself too delicious to resist. He's back, you know, and he's hungrier than ever. Gobble, gobble, gobble."

Sally stared at him with wide eyes instead of tucking into the pudding their mother placed in front of her. He grinned, his eyes darting to the dog bed under the table, daring her to look. She frowned when she saw it was flattened as though a great weight had been lying on it, doubt clouding her face at the sight of the old squeaky toy that lay next to it, the yellow plastic mottled with damp.

By bedtime, however, she was back to her usual tricks, howling all the way through her bath and whining when her father tried to read her a bedtime story. Toby spent the extra hour he was allowed up to play with his construction set, putting together something far more elaborate than he'd ever dared to before. When his mother came in to give him a hug before bed, she looked at the tower he'd made nervously.

"That's really clever, Toby," she said, "but don't you think it's better to take it apart now, before..?" She didn't finish. They both knew what the consequence would be if Sally saw that he'd made something he was proud of.

"Don't worry, Mum," he smiled, hugging her back. "It's all going to be OK from now on."

His mother threw him a quizzical look, switching on his nightlight and closing his curtains. When she went back downstairs, he opened his curtains again, switching off his nightlight and getting into bed. He didn't need the nightlight now. There was nothing to be afraid of anymore.

*

Later that night, when he heard his bedroom door slowly opening, he smiled to himself in the dark. Opening his eyes just a crack, he saw Sally standing in his doorway, framed by the moonlight. She liked to sneak into his room at night and tear his books and spoil his toys. That way, if she was caught, she could claim she was sleepwalking and avoid punishment.

He saw her run gleefully over to his desk where the beautiful tower he'd made was proudly displayed. Her hands reached for it eagerly, ready to smash it to pieces.

A loud squeak sounded behind her. Sally turned

round. In the moonlight, Toby could see Sally's puzzled frown turn to one of wide-eyed amazement when she saw a plastic duck sitting in the doorway.

Then the rubber duck began to move. It jerked along the carpet in fits and starts, as though something had grabbed its beak and was dragging it across the room. Sally followed it to the foot of Toby's bed, trying to work out exactly what she was seeing.

"I warned you, Sally," Toby said softly. "He's hungry. Gobble, gobble, gobble."

Sally's startled eyes staring at him was the last thing he saw before something grabbed her by the ankles and dragged her under the bed. There came a familiar stifled cry, a slurping sound, and then silence.

Toby waited, tense and eager in the darkness. Something shifted under the bed. The floorboards creaked beneath the carpet. And then a heavy weight settled at the end of Toby's bed, right beside his feet.

Toby relaxed, the tension draining from his body. He'd have no problems getting to sleep in the dark from now on. He wouldn't feel alone or frightened ever again.

"Welcome back, boy," he whispered to the empty air. "We're going to have lots of fun together, just like we used to."

The Unwelcome Visitor

Clara *hated* her new house.

When her parents told her they'd be moving to the town's West End, she'd been thrilled. The West End was where the rich kids who went to the posh school lived. It was where the best parks were – the ones with adventure playgrounds instead of broken swings and graffitied slides. It wasn't a deadbeat place filled with betting shops, second-hand stores and fast-food takeaways like the East End where she'd grown up. It was bustling and alive, with two theatres, a multi-screen cinema, a massive swimming pool, and more shops than she could count.

The only thing it didn't have was Clara's best friend, Nicki. They'd been inseparable ever since they'd been at nursery school together. Nicki and her mother lived in the apartment on the ground floor of their building, and Clara had spent every day after school at Nicki's house since her own mother went back to work three years ago. She didn't know it then, but her parents had been planning their escape to the other side of town and saving every penny they could to buy a house in the West End so Clara could go to a better school.

When Clara had asked if Nicki could come and stay at weekends so they could still be best friends after the move, Clara's parents exchanged glances.

"We'll be very busy redecorating for the first few months," Clara's mother had said evasively. "And you'll be starting a new school, so you'll have lots of other things to think about."

"Don't worry, you'll soon make new friends," her father had said. "The girls at Gilman's Grammar are all lovely. My boss's daughter goes there, and she can play the piano and paint the most amazing pictures."

Clara might only be eleven, but she could read the meaning beneath her parents' veiled words. The parents whose children went to Gilman Grammar had important jobs and went skiing in the holidays. Their daughters all attended multiple afterschool clubs and spoke foreign languages fluently. Nicki's mother lived on benefits, smoked twenty cigarettes a day and dined on kebabs from the shop on the corner. Now that the Hutchisons were moving up in the world, Nicki and her mother were no longer good enough for them.

Clara was sad about Nicki, but she was excited to be moving to one of the big, old houses by Melvin Park that had grand pillared entrances and treehouses in their back gardens.

Only, it turned out, that's not where their new house was.

The Hutchison's new house was a pokey mid-terrace right on the edge of the West End, with a forty-minute commute to Gilman Grammar at the crack of dawn to leave Clara at the breakfast club so her parents could get to work on time, and a six-thirty pickup from the afterschool homework club where she sat bored stiff and yawning every weekday till she was collected. Not only was the house disappointingly drab and cramped, it had nothing more than a concrete parking space at the back and a strip of grass at the front to serve as a garden, and it was almost as far from Melvin Park as their old apartment had been.

Worse, all the girls at Gilman Grammar knew exactly how much they were worth depending on where they lived. There was a strict social pecking order, with the girls living around Melvin Park at the top, and the girls on the outskirts of the West End at the bottom. Clara's new house put her so far down the hierarchy she might as well have been a wad of chewing gum on the bottom of the popular girls' shoes.

By the end of her second week in her new home and her new school, she'd had enough.

"I can't take this anymore," she sobbed down the phone to Nicki, when her father had been invited out to play golf for the very first time in his life with his boss, and her mother was digging a flower bed in their postage stamp lawn because she'd noticed all the expensive houses along the school-run route had canna lilies growing in them. "I want to come back and live upstairs from you and your mum again."

Nicki was a lot more practical than Clara. Having a mother who was drunk by eight p.m. every night and too hungover to walk her to school or do the shopping had forced Nicki to grow up faster than her former best friend. "That's not going to happen," she said without the sympathy Clara was hoping for. "You're not going to move back here – your dad's always wanted to join the posh boys' golfing club at work, and your mum's gone full-on Mary Taylor from that *Live Like the Celebrities* home improvement TV show. They're not going to move back to this council estate or send you to a crap comprehensive school, so don't waste your time trying to talk them into it."

"But it's *awful* here!" Clara complained, rather insensitively given Nicki's less-than-ideal home life. "I can't stand it. I need to move somewhere else. *Anywhere* would be better than this."

Nicki considered Clara's problem for a long moment. "OK, then," she said after a pause. "Here's what you can do. It might not work, but it's worth a shot."

At this point, Clara was eager to try anything to get out of the horrible little house she hated so much. She listened carefully to Nicki's instructions, and that night, she put her plan into action.

She waited until her parents had gone to bed. Keeping a close eye on her alarm clock, she gave them exactly forty-five minutes to fall into a deep sleep, exhausted by their busy working day. Then, she did exactly what Nicki had told her to do.

"AAAAAAH!" she screamed at the top of her voice. "MUM! DAD! SHE'S IN HERE! SHE'S COMING TO GET ME!"

Her cries were so loud and authentic they brought her parents running. Her light blinked on and a moment later, her mother and father were at her bedside.

"Clara, what is it?" her father fretted while her mother pulled her into a tight hug.

"There was an old woman in the chair there," Clara sobbed, pouring all her disappointment at her new unimproved life into her performance. "She was rocking backwards and forwards and I could hear her knitting needles going click click click. She said this was her house, and if I didn't leave, then she'd... she'd..."

"She'd what?" her mother gasped.

"She'd use her knitting needles on *me*, just like she did to all the other children who weren't welcome in her house," Clara finished dramatically.

Her parents gazed around her room doubtfully. Their last apartment hadn't been in a nice area, but it had been sizable, and her bedroom had held her wardrobe, dressing table, TV and bookshelf with space to spare. This little room was barely more than a cupboard, and even with her bed pushed right up against the wall, the only other thing that could fit besides the wardrobe was a single chair.

It was this chair that Clara was pointing to now with a trembling finger.

"She was right there," she gulped. "I could see her in the moonlight."

The moon was indeed full that night, shining through the half-closed curtain and lighting up the chair with an eerie glow. If the house hadn't been so boringly lower-middle class and tediously ordinary in every way, Clara might even have found the sight scary instead of just a convenient backdrop for her tall tale.

"Clara, pet, it was just a nightmare," her father reassured her, plumping up her pillow and offering to get her some milk.

"It wasn't," Clara insisted. "It was real. I *saw* her. We have to leave this house, Dad, or something bad will happen to me!"

"Don't be silly, Clara," her mother said more firmly. "It was just a dream. Go back to sleep. We'll be right next door, and nothing bad will happen."

Clara decided not to over-egg it. She'd set the ball rolling, and that was enough for one night.

In the morning, her parents were tired and irritable after their disturbed sleep, just like Nicki predicted. Her mother honked her horn far more than she usually did on the school run to drop Clara off, and her father forgot to pick up a loaf of bread on his way home from work, but other than that, there were no lasting effects from her first night of amateur dramatics.

It took a full week of nightly 'visitations' for her parents to have their first argument about it.

"It's just the stress of the move and starting a new school." Clara heard her mother's raised voice in the living room while she was in bed waiting to stage her next performance. "She'll settle down in a week or two."

"A week or two?" her father snapped. "I can't take much more of this, Helen. With all the extra hours I'm working to cover the mortgage, I'm barely sleeping as it is. And don't even get me started about how much those bloody golf sessions are costing. We'd have been better staying put and saving the money for a private tutor for Clara when she was ready for her exams, instead of tying ourselves to this treadmill for the foreseeable future."

"How can you say that?" Her mother's shrill voice carried all the way upstairs. "That place was a dump, and we both agreed Clara needed a better class of friends. She'll get a much better education at Gilman Grammar too, and that's surely worth a few weeks of disruption?"

Nicki was right, Clara thought to herself as she lay listening in the dark. *Mum and Dad wouldn't consider sending me to another school now.* She was glad she'd listened to her former best friend's advice.

"Don't push it," Nicki had told her. The point of her theatrics was to get her parents to move house. If she laid it on too thick and insisted on moving school too, her parents would get suspicious.

"This house isn't working out like I hoped," her father sighed. "Maybe we would've been better taking that apartment closer to town."

Clara's heart beat faster in hope. Those apartments were small, but being near all the expensive West End amenities, they raised the girls whose families occupied them much higher up the school social order.

"Our budget would've only stretched to a one-bedroomed apartment, and that would be no good," her mother reminded him testily. "We would've been living on top of each other and getting on each other's nerves if we'd moved there."

"I don't see that it would've been any worse than this," her father shot back. The kitchen door shut behind them as they retreated to the table to polish off the bottle of wine they'd opened, the rest of their conversation too muffled to make out.

Clara shifted uncomfortably in her bed, feeling guilty

about causing the argument, but not bad enough to stop now that her plan was beginning to work.

At the appointed time, roughly three quarters of an hour into her parent's sleep and just before she got too tired herself to stay awake, Clara sat bolt upright in bed and shrieked at the top of her voice, repeating her story about the old woman in the chair who wanted her out of the house.

"Clara, this has to stop," her mother told her, running low on sympathy now that her own batteries were so drained.

"It's not going to stop unless we move out," Clara sobbed, laying it on as thick as she could. "We have to move, Mum. We *have* to."

Her father threw her mother an 'I told you so' look and trudged back to bed, leaving her to calm their daughter down.

Clara was gearing up for a second week of nightly performances, when that Sunday morning, they got an unexpected phone call.

Her grandad had been rushed to hospital with a suspected heart attack, and the doctors didn't think he had long to live.

After a hushed conversation, her parents asked Clara if she'd rather stay with the next-door neighbours, or come with them to the hospital to say goodbye. Clara hesitated. She hated the thought of her last memory of her grandad being of him lying in a hospital bed, too ill to know she was there. But she hated the thought of not getting a chance to see him one more time even more.

She went with her parents.

The hospital was too bright, too busy, and smelt too strongly of disinfectant for Clara to feel like she'd made the right decision. She waited outside her grandad's room while her parents talked in hushed voices with the doctor at the nurse's station. She hated seeing him hooked up to all those machines, so she turned away and looked through the window of the next room instead. It was a much more peaceful sight. An old woman was lying in bed, no machines beeping around her and no nurses fussing with drips and syringes. Her room was empty except for a chair in the corner where a ball of wool and a set of knitting needles sat. There were no relatives there to say goodbye. Clara wondered if that was because the old lady didn't have anyone left.

Then a worse thought struck her.

Maybe there was no one in the room with her because the old lady was already dead.

She was just about to hurry away, when the old woman turned her head, looking directly at her through the window. Clara shuddered. The old woman's face had the bloated, shapeless look of melted wax, and when her shrivelled lips drew back in a gummy smile,

Clara could see a single rotten tooth winking out at her.

Clara ran back to the nurse's station and clutched her mother's hand.

Later, after she'd been encouraged by her parents to tell her unconscious grandfather all about her new school and recount happy stories of the memories the family shared, her father closed the door softly behind them and put his arm around Clara.

"Let's leave your mum with her dad for a while. She needs a bit of private time with him."

Clara wasn't sure how private it would be when there were nurses going in and out of the room, but she was glad for an excuse to get away from the beeping machines and the sadness of it all. Passing the other room as her father led her to the canteen, she was surprised to see it was empty. The old woman was gone, and her bed was neatly made. It was only the ball of wool and the knitting needles on the chair in the corner that told her she hadn't imagined it, and the room had indeed been occupied only an hour before.

She shuddered at the thought of what that empty bed signified.

That night, tucked up in her own bed, she wondered if she should give her parents a break from her performance. Her mother had dealt with Grandad Hutchinson's passing that afternoon with stoicism, but Clara could see how much she was hurting. She'd almost made up her mind to skip tonight's drama, when a brief before-bed phone call to Nicki had changed it again.

"Are you nuts?" Nicki had said. "You can't stop now – it's the perfect time to get what you want. Your mum's the one who doesn't want to move, and she's not thinking straight right now. A few more nights of you yelling your head off, and she'll have the removal van round faster than you can blink."

Clara hoped she was right as she dutifully put on her performance face and woke her parents at the appointed time with her terrified screams.

Nicki did turn out to be right, but for all the wrong reasons. It wasn't Clara's exhausting nightly ritual that finally persuaded her parents to look for a new home nearer her school, but the unexpected windfall that came from Grandad Hutchison's will. It turned out he'd been a canny investor, and he'd put his money in high-yield stocks and shares that had earned him a very tidy sum by the end of his life. He left it all to his daughter, and she knew exactly what she wanted to do with it.

A mid-terrace with a tiny strip of lawn, a pretentious clump of lilies and no back garden had never been the sum of her ambitions. When the chance came to buy one of the big old houses by Melvin Park, she seized it with both hands. Clara's nightly drama played little part in her choice, but that didn't stop Clara from feeling smug the Saturday morning the removal van pulled up outside one of the grandest houses Clara had ever seen.

"This is perfect!" her mother exclaimed over and over as she went from room to room arranging furniture and admiring the views from the bay windows. "I've always dreamed of living in a house like this."

"Perfect!" Clara's father sighed happily as he settled himself in his new study, complete with bookcases, desk and old-fashioned fireplace.

"Perfect," Clara grinned, throwing herself down on her bed in her palatial room that not only had space for a wall-to-wall wardrobe, a dressing table, a TV and two bedside tables, but also had a walk-in closet and a cushioned seating area set into the bay window where she could sit and watch everything going on in the park. The previous owner had even left a lovely rocking chair by the fireplace, which she tested out with glee as soon as the removal men had finished bringing everything upstairs.

The day passed in a whirl of activity, and the family were exhausted but happy by the time Clara's bedtime came. She spent a very pleasant half hour luxuriating in the enormous bathtub before climbing into bed and settling down to sleep. She didn't need to watch her alarm clock and stay awake now. There would be no need for any more overblown theatrics at night. With the move to this new house by Melvin Park, her place at the top of the school pecking order was assured.

She drifted off to sleep, a smile on her lips as she thought of how differently the other girls would treat her on Monday morning when they saw her walking the short distance from the park to the school gates.

It was a little after midnight, when a strange sound woke Clara. She opened her eyes, frowning in the dark.

Creak. Creak. *Creak.*

It sounded like a door swinging on its hinges. Or perhaps a window that hadn't been shut properly. Yes, that must be it.

Click. Click. *Click.*

Then there was that other sound. Like small pieces of metal clashing together. A loose window catch, perhaps?

Creak. Creak. *Creak.* Click. Click. *Click.*

Clara sat bolt upright in bed, suddenly realising what the sounds were. She turned her head to the fireplace, dreading what she would see.

In the moonlight, the old woman from the hospital with her melted wax face was smiling gummily at her, rocking back and forth and working her knitting needles with spiderlike ferocity.

"Hello, dear," she hissed through her single tooth. "You're trespassing in my house. And you're very definitely *not* welcome here."

Clara opened her mouth and let out a blood-curdling scream.

The Boy in the Mirror

There was something wrong with Jamie's reflection.

He first noticed it in the school toilets, after Kenny and Darren had finished giving him a wedgie and flushing his head in one of the smelly cubicles, and had sauntered off to the tuck shop to spend his lunch money.

He pulled himself out of the toilet bowl, spluttering, shaking and utterly miserable. It had been a wet autumn, and his class had been kept indoors every break time with just one harassed-looking classroom assistant to manage the bedlam of 6B on her own while their teacher relaxed in the staffroom drinking coffee and pretending he didn't know that all hell was breaking loose just down the hall. The break-time flushing and lunch-money theft had become a daily ritual, and one that Jamie had come to dread so much he felt physically sick on the way to school.

"It's not fair!" he whimpered to his reflection as he pulled the bits of soggy toilet paper from his hair. "I hate Kenny White and Darren McNab. If I was bigger than them, I'd beat the crap out of them."

But Jamie wasn't bigger than them. He was the smallest boy in the class, and he'd been getting bullied ever since kindergarten. He was dreading starting secondary school next year. The final year of primary was proving to be awful enough.

"I wish I was braver," he muttered. "They wouldn't pick on me if I was as tough as them."

Jamie blinked. The boy staring back at him from the mirror was a lot meaner looking than he was. He leaned on the sink and peered closer.

The boy in the mirror leaned forward too. He looked the same in every way. Except there was a hard glint in his eye, and he didn't have a fat tear running down his cheek.

What the...?

Before Jamie could work out whether the faceful of foul water had messed with his eyes, the bell rang to signal the end of break. His heart plummeted all the way to the floor. His teacher didn't like him. Mr Gibb said Jamie was a telltale who needed to stop making up stories to get other children into trouble. Mr Gibb knew very well that Kenny and Darren were making Jamie's life a misery, but he refused to acknowledge it and simply pretended he didn't notice what was happening. Mr Gibb very definitely did *not* want to confront Kenny and Darren, because Mr Gibb was a spineless coward who couldn't control his own class of ten year olds.

Jamie turned from the mirror and trudged back to

class, hoping that today, Mr Gibb wouldn't ridicule him for being bullied by making him write out 'I must not mess around in the school toilets at break time' one hundred times for the third day in a row.

*

That evening, the reflection in the mirror got even stranger.

"Jamie! You haven't done the dishes yet!"

His mother's anxious whisper and urgent knocking on his bedroom door made it sound like the problem was a full-blown household emergency instead of a boring kitchen chore being left undone.

"Sorry, Mum, I'll do them in a while – I just need to get my homework done first." Jamie didn't mention that he also had one hundred and fifty punishment lines to write for Mr Gibb tomorrow about messing around in the toilets during break. That would be yet another thing for his mother to fret about, and the last thing his family needed was any more stress.

"Jamie! Keep your voice down!" his mother hissed as though he'd been standing on a church altar screaming expletives instead of talking through his bedroom door. "And get those dishes done before your father sees them – you know he can't bear mess."

Jamie sighed. His parents had always been neurotic,

but things had got even worse since his father had a nervous breakdown two months ago. Now, he and his little sister Kim spent every day walking on eggshells around the gaunt-faced figure hunched on the sofa, terrified of making any sound or leaving any mess that might prompt him to wring his hands and wail that he simply couldn't cope with all the family fuss.

He glanced at his own pale face in the full-length mirror on his wardrobe door. His reflection didn't stare back at him with the anxious frown he knew he was wearing. His reflection looked at Jamie, glanced at the bedroom door, then rolled its eyes.

"Your life sucks," his reflection said. "Can I help you with it?"

Jamie opened his mouth, his lips flapping up and down in shock with no sound coming out.

"Urgh, this is the boring bit," his reflection muttered, more to itself than to him. "This where I have to explain everything, isn't it?"

"Wh-what are you?" Jamie managed to stammer out.

"I'm…" his reflection peered over Jamie's shoulder, glancing at the books he had stacked on his shelf. "I'm your doppelganger," it said, noticing the book of ghost stories Jamie had borrowed from the library. "I'm like a version of you that looks the same, but…" It trailed off, catching sight of Jamie's aghast expression. "No, scratch that. You think doppelgangers are scary, don't you? I'm not scary, I'm here to help. Think of me as..." It checked the bookshelf again, lighting on the Bible Jamie had been given at the last Sunday school prize-giving day. "I'm your guardian angel. Yes, that's it, your guardian angel."

"But there's no such thing as guardian angels!" Jamie protested.

"There isn't? Oh, that's a pain in the neck. Well, think of me as your better half. Or your fairy godmother. Whatever. The point is, I'm here to help." His reflection was starting to look cross at how slow Jamie was on the uptake.

"Help how?" Jamie asked. He'd mastered his initial terror just enough to move closer, standing in front of the mirror to stare at the image of himself that was moving and speaking entirely of its own accord.

"Ah! This is the good bit!" His reflection grinned at him. "I can come over to your side and do all the things you don't want to do. Like those pesky dishes, for example."

Jamie stared back at his reflection doubtfully. "Come over to this side? Wouldn't people get a fright if they saw two of us walking around? I don't think my dad's nerves could cope with that."

His reflection bit its lip, looking like it was struggling to hold back its real opinion of how annoying he found Jamie. "There wouldn't be two of us on that side," it said slowly, as though explaining the facts of life to a very dense penguin that hadn't yet grasped the basics. "There can only be one of us on each side at any one time. I could swap places with you, just for a bit. I can help you with your chores. And with Kenny and Darren at school, if you like."

That piqued Jamie's interest. He forgot his fear and asked eagerly, "How could you help with them?"

His reflection's grin grew even more sly. "I'm not scared of them. I'm not scared of anything. You'll see. Do you want to try it?" It held its hand out eagerly to Jamie.

Jamie took a step back, suddenly wary.

The reflection's face arranged itself into a reassuring smile of slightly dubious authenticity. "You can try it for an hour. I'll do your dishes, your homework and your punishment lines for you, and you can bring your book into the mirror and read that while I'm busy working. You'd enjoy having a rest, wouldn't you?"

Jamie nodded. He would indeed appreciate a break from the tedium of schoolwork, the stress of his home life, and the worry of what break time would hold for him tomorrow. Being able to sit in a bubble of peace and read his book without the fear of hearing his mother banging on his door with urgent whisperings or his father running to the toilet to throw up with anxiety would be his idea of heaven.

"OK," he said hesitantly. "But we'll be able to switch back as soon as you're done?"

"Of course!" his reflection assured him, all smiles now. "All we have to do is touch our hands to the glass and say, 'One, two, three, swap!' It's as easy as that."

Jamie grabbed the book of adventure stories he'd been dying for a chance to read, and stepped up to the glass. Stretching out his hand, he touched his palm to the palm his reflection pressed against the glass on its side.

"Ready?" his reflection asked. "Alright then…"

"One, two, three, swap!" both versions of Jamie said at exactly the same time.

Jamie felt a strange fizzing sensation running up his arm. The bedroom shimmered around him, and then disappeared. For a disorienting moment, he felt like he was suspended in syrup. When his room came back into focus, everything was facing the opposite direction. He peered through the glass, his eyes widening when he realised he was actually inside the mirror.

"There, easy, wasn't it?" His reflection grinned at him from his real bedroom. "I'm off downstairs to do your chores. Enjoy your book!"

"Just remember not to make any noise or you'll disturb Dad!" Jamie called. His reflection threw him a salute and disappeared out the door. Jamie was a little disconcerted to discover that the inside of the mirror was just a tiny cubicle with only enough space to contain a single chair, with a small shelf on the wall that held a pile of dog-eared comics and newspapers. There was a large ball of string in an untidy tangle under the chair, but apart from that, the cubicle was empty. It looked like the world's smallest waiting room. There was a door behind the chair, but when Jamie opened it and stuck his head out, there seemed to be nothing beyond but a dense, dark fog. He shuddered and closed the door quickly.

Jamie settled into the chair to read his book. It looked a little worn and rickety on its four legs, but it was comfy enough. Despite how eager he was to have a break from his highly-strung home life and the stress of school, he found it hard to concentrate on the adventure stories he'd been looking forward to reading. He kept wondering how his reflection was getting on downstairs. Was it doing the dishes quietly enough to avoid disturbing his father? Did it know that after his mother put his little sister to bed, she'd expect him to go and say goodnight? Did his reflection know everything about his life, or just the things he saw from the mirror?

The worry kept him from enjoying his book, and the time passed slowly. The claustrophobic sense of unease in the tiny cubicle wasn't helped by the fact that every time Jamie glanced up, he could see the clock on his bedroom wall reflecting the time back at him in the wrong direction.

It only took his reflection half an hour to wash the dishes and come back upstairs, but Jamie felt like an eternity had passed. As soon as his reflection had closed the bedroom door behind it, Jamie jumped up and said, "Thanks for the help, but could we swap back now?"

Just for a moment, his reflection looked disappointed. "Sure, if you like," it said with fake enthusiasm. "But don't you want me to do your homework and your punishment exercise for you first?"

Jamie hesitated. He wasn't looking forward to another page of multiplication sums or the cramped fingers he'd have when he finished writing out all those lines for Mr Gibb, but on the other hand, he'd had quite enough of the strange new experience for one night.

"No, it's fine. I'd just like to get back," he said anxiously.

"Okay-dokey," his reflection said breezily. "Just put your hand on the glass the way you did before."

Jamie stretched out his hand eagerly and chanted in unison with his reflection, "One, two, three, swap!"

Just as before, there was a fizzing, a moment of darkness, and then his room returned – this time, the right way around. Jamie heaved a sigh of relief. His reflection gave him an encouraging smile from the inside of the mirror.

"I'll just sit here till you need me again. Remember, I'm here to help, so if there's anything you'd like me to do for you, just ask."

"Thanks, I appreciate it," Jamie said. He turned his back on the mirror and sat down at his desk to finish his work and get started on his lines, wondering if anyone else had a reflection that could swap places with them, or if he was the only person who knew there was a secret world hidden behind the mirrors.

*

Although Jamie had found the experience of swapping places with his reflection fascinating, he wasn't expecting to repeat it any time soon. But in fact, it turned out that he would call on his reflection's help the very next day.

It was another wet playtime, and 6B were stuck inside with their indifferent classroom assistant supervising them for the twenty minutes it would take Mr Gibb to drink his coffee and read his newspaper in the staffroom. Jamie had been desperate to go to the toilet for the last half hour of class, but Mr Gibb had insisted he had to wait until break time.

"You can hold it till we've finished the maths lesson, can't you?" he said irritably, loud enough for everyone to hear when Jamie had whispered his request.

It wasn't just unkind, it was downright negligent. Mr Gibb knew very well that as soon as Jamie headed down the hall, Kenny and Darren would be right behind him. Mr Gibb was perfectly happy to let the situation continue, because if Kenny and Darren dunked Jamie in the toilet and took his lunch money, then they wouldn't do it to anyone else. The other children had capable parents who would march to the school and berate Mr Gibb if their child got bullied on his watch. Jamie just had his anxious mother and his nerve-wracked father who wouldn't go near the school for fear of confrontation. Mr Gibb knew he was perfectly safe using Jamie as the outlet for all the bullies' pent-up aggression.

Jamie wriggled in his seat and tried to concentrate on the babyish colouring picture the classroom assistant had provided as a suitably quiet indoor play activity for the class. But it was no use – he *had* to go to the toilet. If he didn't go now, Mr Gibb wouldn't let him go for at least another half hour after break, telling him he should've gone when he had the chance, and now he had to concentrate on his reading exercise.

Jamie glanced over at Kenny and Darren. They were sitting whispering together over a naughty magazine under the desk that Kenny had sneaked in to school to show the other boys. Maybe he'd be safe just this once. Maybe they wouldn't notice he was gone if he was quick.

Getting up as quietly as he could so the harassed assistant wouldn't notice his absence amid the general classroom chaos, Jamie slipped out the door and ran down the hall.

His relief only lasted as long as it took him to flush the toilet and give his hands a desultory wave under the tap in lieu of washing them. Before he could escape, he heard familiar loud voices in the corridor outside.

"Yeah, I fancy a Mars Bar today – that little squirt better have brought enough money for a can of Coke for us both as well."

Jamie froze, a wave of nausea washing up his throat at the certainty of what would happen next.

"Want me to help?" a sudden voice next to his ear said.

Jamie jumped, staring at his reflection in surprise. He'd been so focussed on getting to the toilet unnoticed, he'd almost forgotten about his reflection's offer the previous night.

"What can you do?" he asked. "They'll just beat you up, same as me!"

"Oh, I'm not scared of them," his reflection laughed. "Better make your mind up quick, though. Once they're in here, you're on your own."

On your own... That's what helped Jamie make up his mind. He was always on his own. He didn't have any friends at school, and despite the claustrophobia of his family life, he felt even lonelier when he was at home.

"OK, hurry!" he said, pressing his hand nervously against the glass when he saw the door to the toilets start to swing open.

"One, two, three, swap!" he said at the same time as his reflection. This time, the switch was almost instantaneous. Jamie found himself looking out at his reflection just as Kenny and Darren strode into the toilets.

"Right, you little twerp, you know the drill," Kenny sneered. "Bend over for your wedgie or you'll be drinking pee-water again."

"Yeah," Darren put in. From the low droop of his beetle brow, it was clear this was the full extent of his eloquence. The pudgy fist he raised did the talking for him.

Jamie was surprised to see that his reflection didn't look worried. In fact, the smile it had on its face widened, as if it had just heard something hilarious.

"Nah, I think we'll try something different today," it said. "How about you two beat it and let me pee in peace before I start taking your stupid playtime games personally?"

Kenny let out a snort of laughter and Darren brayed along with him. "What you going to do, shrimp? Are you going to cry? Are you going to run and tell—"

The fist came out of nowhere. If Jamie hadn't had his face pressed right up against the glass watching with bated breath, he would've missed the uppercut his reflection aimed squarely at Kenny's jaw. The bully dropped like a sack of potatoes, his head hitting the tiled floor with a sickening crack.

Jamie's reflection wasn't finished. Quick as a flash, his other hand lashed out, catching Darren by the collar and pushing his head down till it thumped against the sink. There was another, louder crack, and Darren slumped to the floor, a trickle of blood running from his mouth where his front tooth was loose.

Jamie's reflection folded his arms, glaring down at the two dazed boys laid out before him. "If you *ever* come near me again, if you ever so much as *look* at me sideways, I will thump the living daylights out of you every single day between now and the end of term. Clear?" he growled.

Kenny and Darren had just enough wits left between them to nod and mumble something unintelligible that sounded like an agreement, before staggering to their feet and fleeing for their lives.

As soon as they were gone, Jamie's reflection turned

to look in the mirror. "How was that?" he asked.

"*That*," Jamie gasped, "was amazing! Thank you so much!"

"No problem." His reflection shrugged, but Jamie could see it was secretly pleased. "Hey – do you want me to cover for you till lunchtime? I know you hate doing the reading exercises and answering the quiz questions. I can do them for you while you take some time off to read the comics. There's a few in there I know you'll like."

Jamie hesitated. It was a tempting offer. The comics looked dog-eared, but they were definitely more appealing than the thought of spending the next hour and a half doing boring reading drills and struggling to answer the endless list of comprehension questions that always followed the dull text. And he didn't really want to be around if Kenny and Darren decided to tell Mr Gibb he'd been bullying *them* for a change.

But…

Jamie bit his lip. "Just till lunchtime?" he asked. "You'll come straight back here to swap as soon as the bell rings?"

"Of course I will!" His reflection gave him a wolfish smile that Jamie was pretty sure he'd never worn himself in his life. "I'm happy to help. Just relax and put your feet up – I'll be back before you know it, like I was last night."

Jamie nodded, more enthusiastic about the idea now. His reflection *had* done the dishes so well, after all. When he'd come down for breakfast this morning, his mother had even praised him for what a quick, quiet job he'd done, and how kind it had been of him to read Kim a story to help her get to sleep.

He could trust his reflection. It had not only put him in his mother's good books, but it had sorted out the bullies who'd been making his like a misery. If it was happy to do his schoolwork for him while he read comics till lunchtime, then that was as good as an unexpected holiday.

"Just one thing," he said quickly before his reflection headed off. "Um, how does this whole thing work? I mean, what if someone comes in here and sees me instead of their own reflection?"

The version of him on the other side of the glass sniggered. "That's what the chair's for, dummy! As long as you're sitting on it, no one else will see anything but their own reflection in the glass. It's a real mirror – all you have to do is hide behind it. And don't be tempted to stand up when anyone else is around, or you'll have a *lot* of explaining to do when we swap back and you've got someone on this side who swears blind you were talking at them from the mirror."

Jamie nodded. That made sense. Sort of.

His reflection gave him a cheery wave and headed back to class just as the bell rang, and Jamie settled down to read the comics. There were a few worrying moments when boys came in over the next hour and a half to use the cubicles, take a sneaky snack break or pick their noses with their faces pressed up to his mirror, but since it was clear they couldn't see Jamie on the other side, he soon relaxed and learned to find it funny.

He was relieved when his reflection came back promptly as soon as the lunchtime bell rang, but also a little sorry to give up reading his comics so soon and go back to the boring school routine. It was oily sausage and cabbage mash day in the canteen, followed by an afternoon gym class and an hour of staring at old newspaper clippings for the class project about life in the 1960s. He wasn't looking forward to any of that.

"You can switch with me any time you like, remember?" his reflection reminded him as soon as they'd swapped back and Jamie was in the real world again. "I'm happy to help out with anything you need."

Jamie smiled gratefully at his reflection. After years of feeling alone, it was wonderful knowing there was someone who had his back and was willing to do anything for him.

*

Over the next week, Jamie swapped places with his reflection more and more often.

He swapped whenever he had a class he didn't want to go to. He swapped when he had homework he didn't feel like completing. He even swapped so he didn't have to go to the dentist to get the filling he was dreading. It was brilliant having someone to do all the things he didn't feel like doing.

Although he'd found the little cubicle claustrophobic at first, he began to think of it as his own personal sanctuary, a place he could escape from all the stresses of the real world. He brought more and more books to read each time he crossed over, then a pad of his favourite wordsearch puzzles, and even his Lego set. There wasn't much room behind the mirror, but he made do with the little shelf, moving the tangled ball of string and stacking things under his chair when he needed to.

One of the best things about the mirror world was the fact that he never got hungry or thirsty or tired or even needed the toilet when he was there. He wasn't sure if time worked differently inside the cubicle – in fact, he wasn't sure how the mirror world worked at all.

His reflection wasn't much help in that regard.

"Look, I don't know how the science works," it told him when Jamie had switched back to the real world after another relaxing day reading comics. "I mean, *scientists* don't even know the mirror world exists, so how am *I* meant to explain it?"

"So, you don't know what's outside the door, through the fog?" Jamie asked. It was the one thing that bothered him about the cubicle. He didn't like the fact that it had a door leading to nowhere. It was unsettling, like a sentence without a full stop, or a familiar tune that was missing its final note.

His reflection just shrugged and looked disinterested. Jamie couldn't help feeling that it knew a little more than it was letting on, but he decided not to ask too many questions. His reflection had been *so* helpful after all, and he really was grateful.

He was even more grateful when his reflection offered to try out for the school football team on his behalf.

Jamie had longed to join the team ever since he'd watched the bigger boys playing in his junior years. He'd been eligible to try out for the last two years, but each time the other boys had refused to pass him the ball, and he'd looked incompetent running up and down the field without anything to do. The gym teacher was just as bad as Mr Gibb – as long as the popular boys got what they wanted and their parents were happy, he didn't care that the unpopular ones with less demanding parents didn't get a fair chance.

Jamie had noticed his popularity soaring in school

over the last week. Kids who'd never given him the time of day before were eager to share their break-time snack and tell him the latest gossip, and even the teachers seemed to have warmed to him. His reflection had clearly been working hard on his behalf, making friends and sucking up to the adults. If his reflection could win Jamie a place on the football team this year, that would be the icing on the cake.

Jamie wasn't confident enough to try out for the team himself. He thought it was best to leave it to his reflection, who seemed very confident that it could bag the midfield spot Jamie so badly wanted.

"Piece of cake," his reflection grinned at him when it swapped places with Jamie on the morning of the try-outs. "Just sit tight and relax. I'll be back with that number eight jersey before you know it."

His reflection was as good as its word. When the clock in Jamie's bedroom was showing half past three in the afternoon, his reflection came marching triumphantly through the door holding up a number eight football jersey for Jamie to see.

"I was *brilliant!*" it crowed. "You should've seen the goals I scored during the try-outs. I'll be team captain by the time this term ends, and I'll be holding up the interschools' trophy at the end of the year."

"Brilliant!" Jamie cheered. He jumped off his chair in the cubicle and pressed his hand to the glass. "I can't wait for the next practise session! Thanks *so* much for getting me in the team. Can we swap back now so I can go and tell Mum the good news? I bet it'll even cheer Dad up when he wakes from his afternoon nap."

"Yeah, about that..." The expression on his reflection's face turned sly, the way Jamie remembered it when he'd first become aware that the boy in the mirror wasn't exactly the same as him. He felt his stomach begin to churn with a sudden, sick feeling of unease.

"I've been thinking," his reflection said, sitting down on the end of Jamie's bed and staring back at him. "And I've decided to stay."

"*What?*" Jamie gasped.

"Oh, come *on*." His reflection rolled its eyes at him. "You didn't honestly believe all that crap about guardian angels and me actually wanting to do your chores for you, did you?"

The sick feeling crystallised into a knot of dread. "You've been planning this whole time to trap me in here," Jamie realised.

"Of course I have!" his reflection grinned. "You think I want to spend my whole life sitting on that chair in that pokey little cubicle?"

"But..." Jamie's mind was spinning. "But there must be more cubicles in here! I can only see my bedroom from this one, but you could see me when I was in the

the school toilets. That was a different cubicle, wasn't it? That must be in here somewhere too."

"Yes, Jamie, well done for working that out, you're a total genius," his reflection sneered, giving him a slow clap. "There *are* more doors in the fog, and all the cubicles for all the mirrors in someone's life are all next door to each other."

"Then I can just go next door and find my mother!" Jamie threatened. "She's in the kitchen, and there's a mirror in there too. You said as long as I'm standing up and not sitting on the chair, the person on the other side can see me. Well, I'll tell her what you've done. She'll make you let me out."

"Yeah, there's only one problem..." His reflection smiled at him nastily, the way Kenny had when he'd taken Jamie's lunch money. "You don't have an actual form in the mirror world. You think you look like *this*," it pointed to its own body that was the spitting image of Jamie, "but you don't. In each cubicle, you take the form of the person who's looking in the mirror. Your mother will just see a reflection of herself. That old hag's so strung up that you talking out of the kitchen mirror wearing her face will probably give her a heart attack! And I shudder to think what a talking reflection would do to your nutjob father."

"Don't talk about my parents like that!" Jamie yelled furiously, his voice echoing feebly around the tiny cubicle.

"Why not? They're *my* parents now," his reflection grinned. "And I'll talk about them however I want."

"I won't let you take over my life!" Jamie yelled, banging on the inside of the glass. "I've seen my reflection in hundreds and hundreds of mirrors. I'll go to every single cubicle and tell whoever's looking that you've stolen my face. I'll tell everyone at school, and everyone at church, and everyone in the toilets at the shopping centre. Even if some people think they've gone mad when they see their own reflection talking back at them, they'll swap stories with each other, and they'll realise that their reflections are telling them the truth, and you've stolen my face!"

"Yeah, they will," his reflection admitted with a sigh. "Eventually. And that's why I have to break the connection."

"What?" Jamie blinked in confusion.

"Oh, did I forget to mention?" The nasty smile was back on his reflection's face. "Remember how they say that breaking a mirror is seven years' bad luck? It's actually a lifetime of bad luck for the person stuck on the other side. The cubicles are like a string of cheap fairy lights – if one breaks, the whole lot stop working. Once I break this mirror here, your connection to all the mirrors in your life breaks."

Jamie gasped as his reflection went to his desk, picking up the objects on it and weighing each one in its hands to find the heaviest.

"You can't do that!" he cried. "Look, maybe we can work something out! We can have alternate days – how about that? You can be me one day, then we'll swap and I'll be myself again the next. We can both have days off to read comics – that would be nice, wouldn't it?"

"We both know you'd never swap back once you were free again," his reflection said, finding the large paper stapler in Jamie's desk drawer and carrying it over to the mirror. "Just like my reflection didn't swap back when I begged it to."

"You mean you..?"

"Yeah, I've been stuck in there for… Oh, I don't know how long," his reflection whistled through its teeth. "I used to be someone completely different. Took me ages to find someone dumb enough to swap with me. Most people don't fall for it, but you're the trusting sort, aren't you? Hey! Don't cry," it said when it saw the tears that were falling down Jamie's face in the mirror. "You'll find someone to swap with too, you just have to be patient. Go through the door and try the different cubicles. It'll take a while, but stick with it. If you give up, you'll eventually just waste away and become part of the mist like the others have."

"The others?" Jamie gulped.

"You'll see," his reflection said, almost sympathetically

now. "Gotta go. It was nice seeing you, and it's even better being you. Have fun becoming someone else."

"Wait! Don't—"

It was too late. His reflection raised its arm and hurled the stapler with full force at the mirror set in the wardrobe door. Jamie could see the glass shattering, and the view of his bedroom suddenly winked out, replaced by static. He stared in shock at the tiny dots fizzing in front of him. This couldn't be happening. This *couldn't* be his life now – trapped in this tiny cubicle for ever and ever.

"No, no!" Jamie wailed, grabbing the door handle and stumbling out into the fog beyond. It felt cold and damp, and so thick he was afraid to move away from the cubicle in case he got lost. There might be nothing to see there now, but it was familiar, at least.

Then he remembered the ball of string under the chair.

Of course! he thought. *That's how my reflection found its way around the mirror world!*

Jamie stepped back inside and snatched it up, tying one end to the door handle. Taking one last look at the fizzing static where his whole life had once been, he took a deep breath and stepped into the fog, unfurling the string as he went.

*

Martin was having a terrible time. Ever since his parents had brought his new baby sister back from the hospital, she'd cried day and night, and he'd hardly got any sleep. To make matters worse, they'd moved to a bigger house with more bedrooms in another town, and he had to change schools. Not having any friends was bad enough, but the most popular girl in the class was going out of her way to pick on him, and the other kids were starting to join in too.

He stared at his reflection in the bathroom mirror, listening to his sister howling in the nursery and his parents' voices becoming increasingly strained as they tried to lull her back to sleep. His reflection looked pale and worn, just like he did, and there were tears in its eyes too.

At least it was moving at the same time as him today. He'd got the weird feeling all week that it had been out of sync, turning its head just a fraction of a second late and even grinning when he was sure he'd had a frown on his face. Once, out of the corner of his eye, he'd even thought he saw it waving at him when he was at his Nan's house helping her pack the shopping away in her kitchen. Going to Nan's house every other day to help the old lady with her housework was yet another chore he had to do instead of playing video games or hanging out at the youth club like other eleven-year-old kids.

"I'm so tired," he sighed at his exhausted-looking face in the mirror. "I just want *one* day off."

Instead of sighing and saying his words at the same time, his reflection grinned back at him.

"Your life sucks," the boy in the mirror said. "Can I help you with it?"

The Winds of Change

"Maggie, for the last time, will you STOP annoying your sister!"

"But..!" Maggie began. Their mother turned and scowled at Maggie, making it clear she was on her last warning. Maggie's complaint died on her lips. There was no point protesting that Lauren had started it. Lauren *always* started it, but Lauren was always forgiven. It wasn't just because Maggie was eleven and Lauren was eight. Deep down, Maggie knew it was because Lauren was a beautiful little angel, and Maggie was just plain and ordinary.

Maggie had learned the hard way over the years that pretty girls could do whatever they wanted. They could be nasty and sneaky, they could pinch and poke, steal and spoil, tease and torment to their heart's content, but as soon as they flashed an adult one of their lovely smiles, all would be forgiven. Worse, the blame would always fall on the nearest unattractive child because adults preferred to vent their frustrations on girls whose tear-filled eyes and trembling lips didn't fill their hearts with pity when they shouted at them.

Maggie knew she would always be her family's scapegoat. She could just about live with that. What she couldn't live with, was Lauren's constant crowing about her superior position.

"Maggie the maggot's in trouble again!"

Lauren's singsong voice was just low enough to be carried away by the wind before their parents caught it. Maggie kept her eyes fixed on the path ahead, refusing to take her nasty little sister's bait. There were three more days of this holiday from hell to go, and if she let Lauren see that the mean words were wounding her, Lauren would ensure that their final weekend would be absolutely unbearable.

The first week had been bad enough. Why her parents thought that camping out in the middle of nowhere would be a fun experience for the family, Maggie had no idea. Cooped up in a little tent with her devil-spawn of a sister, Maggie had been going quietly mad. The first four days it had rained non-stop, and the family had run out of board games, batteries for the radio, and even conversation by the middle of the week. Maggie had hoped that her parents would admit defeat and drive them home again, but when the rain had dried up, they were duly marched into the woods with their new hiking boots to sample all the 'delights' of boggy, damp and dreary nature.

As far as Maggie was concerned, she was done with nature. Nature could go take a running jump off the nearest cliff. The paths through the wood were muddy and overgrown, the trees smelled of rotting leaves and dead bark, and the skies were so cloudy and grey it was like hiking in mid-winter instead of the last week of summer.

Worst of all was the wind.

It was sharp and bitter, as though it held a grudge against the family for refusing to give up on the holiday in the face of its strong opposition to their presence in the woods. It howled round their tents at night, blowing out their feeble fire and keeping them awake until dawn. As Maggie's parents marched their children along the tangled paths on yet another 'educational' hike, it whistled through the trees, nipping at their fingers and biting their cheeks, leaving them miserable, shivering and gasping for breath.

No matter how hard the wind blew, their parents refused to admit defeat.

"It's invigorating!" their father insisted, his face set hard and his eyes fixed on the trail ahead.

"It's good for your circulation," their mother agreed, her shoulders hunched against the wind and her anorak zipped right up to her chin.

Maggie could have just about coped with the misery of the camping trip, if it hadn't been for Lauren's constant needling. She seemed determined to make Maggie lose her temper, putting slugs in her thermos flask, spiders in her sleeping bag, and whispering non-stop nastiness to her as they trudged along the woodland paths.

Maggie didn't know why Lauren hated her so much. After all – Lauren was the golden girl, the delightful little cherub with a halo of blonde curls and a smile that melted the hearts of all who gazed at her. Maggie – with her frizzy brown hair, crooked teeth and protuberant nose that overpowered her rather indifferent face – couldn't hold a candle to her younger sister.

And yet Lauren went out of her way to torment Maggie. She seemed to delight in getting her older sister into trouble, revelling in the angry rebukes her underhand tricks provoked. Maggie wished everyone could see Lauren the way she did – see the ugliness that was inside instead of the pretty packaging that hid the rotten heart within. That was never going to happen, though. She might as well 'whistle in the wind' as their granny used to say about things that could never be changed.

The thought made Maggie smile despite the cold. She liked the idea of whistling in the wind. Maybe it might listen to her. It wasn't as if anyone else ever did.

She pursed her lips, whistling a tune aimlessly to take her mind off her cold fingers and damp feet. She'd barely managed more than a few bars before Lauren piped up petulantly, "Mummy! Maggie's whistling to annoy me! Make her stop."

Their mother looked back again, her face stormy. "Cut it out, Maggie. I told you stop annoying your sister."

"Whistling's not illegal," Maggie muttered.

"Well, it's not allowed on this camping trip," their mother snapped. She obviously didn't want to be here any more than her daughters did. It was all their father's idea. He was marching on ahead of them, clearly wishing he could be alone in the wilderness unencumbered by a family who didn't share his passion for the great outdoors.

"Is it alright if I breathe?" Maggie muttered. "Is that allowed, or is that too much to ask?"

"Don't be sarcastic, Maggie," their mother sighed, turning back to the trail again.

"Yes, don't be a sarcastic maggot," Lauren muttered under her breath, giving Maggie one of her nastiest little grins.

Maggie couldn't help wrinkling her nose at Lauren and sticking out her tongue.

"Mummy! Maggie's making mean faces at me!" Lauren instantly wailed.

"Maggie, will you CUT IT OUT!" their mother snapped, close to losing all patience with her eldest daughter when she turned quickly and saw the tongue that Maggie wasn't quick enough to retract. "If the wind changes, your face will stick like that."

It was a silly threat – one their granny used to make when they were very little, and one, no doubt, that *her* granny used to dutifully repeat to her when she was their age.

The face that Lauren made at Maggie as soon as their mother's back was turned reflected all the ugliness of her nasty little soul. Maggie wished Lauren's face would stick so everyone could see what she saw.

'You might as well whistle in the wind,' she heard her granny's voice sigh in her head.

Well, maybe the wind might just grant my wish, Maggie thought sullenly, glaring back at Lauren who was hooking her fingers into her mouth and pulling her lips back to stick her own tongue out at Maggie.

Maggie pursed her lips again, but this time she whistled silently so that only she could hear. She whistled all her anger and frustration into the air. She whistled about every horrible thing Lauren had ever said to her. She whistled her wish that everyone could see the nasty little troll for what she really was.

When she looked over at her sister, Lauren was still pulling a horrible face at her, and she knew that neither her mother nor her father would ever notice. Maggie gave up. It was no use. Lauren would always be her parents' prefect little angel. Maggie might as well resign herself to being the family underdog for the rest of her life.

"Nnnggg!" Lauren squealed, her tongue lolling out of her crooked mouth and her eyes crossing in different directions. That was odd. Lauren didn't usually do or say anything that would get herself caught. The biting wind whistled around them again, carrying the sound away before their mother could catch it.

"NNNNGGGGG!" Lauren wailed through a mouth gaping so wide that drool dripped down her chin. Her squinting eyes were bulging from a face that was red and puffy as a poisonous toadstool, her nose swelling as snot streamed down the chin that was breaking out in a rash of pimples. She looked truly monstrous.

"Maggie! Will you just STOP—"

Their mother turned round and shrieked when she caught sight of her youngest daughter's hideous face.

"NNNGGGG!" Lauren screamed, trying to push her popping eyes back into their sockets and hold onto the tongue that was squirming its way free from her mouth. Her scream was carried away by the wind that whipped though tree branches and whirled up to the stormy sky, whistling a vengeful tune full of bitterness and tinged with spite.

Snip, Snip

Katie had lovely hair. It waterfalled in chestnut waves down her back, so long she could sit on it, and so smooth it reflected sunlight like a mirror. All the girls in her class were jealous. They'd be starting secondary school soon, and at eleven years old, they were already well-enough versed in the scriptures of womanhood to know that girls who looked like Katie were always the centre of attention.

Katie tried hard not to be vain about her hair. She knew vanity was a sin – she learned that at Sunday school. But it was hard not to feel a little conceited about her shimmering mane when her proud mother was always buying her expensive haircare products to help her maintain it, and her father called her 'my pretty little Rapunzel' every day when he came home from work.

Katie's mother paid for a hairdresser to visit the house every eight weeks for an almost imperceptible trim of the very ends. She didn't trust the careless girls in the shops who gossiped and giggled when they should be working, and were likely to cut three inches off through sheer inattention. She couldn't bear the thought of those sloppy hands chopping Katie's beautiful hair off and discarding the dead locks on their dirty floor. The private visits were a necessary expense, she insisted. Fortunately, her husband doted enough on their only child to agree to work the extra hours to cover his wife's extravagances on their daughter's behalf.

Money was tight in the Preston household, but they managed. They scrimped and saved on other things – a second-hand car, one week of holidays in summer instead of two, and supermarket own-brand items instead of better-quality products. It was a struggle at times to balance the books, but they didn't face any real financial hardship.

That all changed when Great Aunt Lydia came to stay.

The first Katie got to hear of it was when her parents were arguing one Saturday in the kitchen when she came down for breakfast.

"I don't see why your Great Aunt Lydia has to stay *here*!" her mother was saying. "Not when she has that big house of her own in London to live in."

"But that's just it – she can't manage on her own, not with her arthritic hands and her knees the way they are," her father sighed. He sounded defeated, like he'd already lost a war and now had the difficult job of explaining matters to his patriotic troops who hadn't yet realised there was no hope. "Now that the hospital's ready to discharge her after her bladder operation, if we don't take her in, she'll have to move to a care home."

"Well, isn't that the best solution?" her mother said. "She can't possibly expect us to look after her in *our* home. You've only met her twice in your whole life, Donald, and I've never met this woman at all. I can't have a stranger setting up camp in our sitting room! Especially not one I'd have to wait on hand and foot between my shifts at the post office. You say she's on her last legs, but God only knows how long she's got left – it could be years and years!"

"You're not looking at the bigger picture, Claire," Donald sighed again.

"What bigger picture?" His wife was sounding dangerously close to losing the rag.

"The bigger picture that includes her house in London," Donald told her. "If she goes into a care home, that house will be sold to pay their fees, and that huge pot of gold will be swallowed up in a short space of time – you know how those greedy companies inflate their prices to meet whatever funding source is available to them. If she stays *here*, however, she keeps her house, and then when the old dear shuffles off to the next life…" Donald raised his eyes to the heavens before giving his wife a knowing look, waiting for the penny to drop.

It took a moment, but she finally worked out what he was getting at. "Oh..!" she exclaimed, understanding dawning on her face. "She definitely has no other family, does she?"

"Nope. I'm the only one left."

"And you're sure she'd leave everything to you in her will?"

"I don't see how she could do otherwise, if we take her in and look after her for her last few months. Once she's settled in, I'm sure I could sweet talk her into seeing a solicitor, just to make sure we... Oh, good morning, my pretty little Rapunzel."

Katie's father noticed her standing at the kitchen door and looked a little flustered, as though he'd been caught in the act of something shameful. He bustled about with a whisk and the pancake mix to cover his embarrassment, changing the subject by asking if Katie wanted raisins or blueberries stirred in.

Katie wasn't about to be side-tracked by offers of breakfast treats, not when she'd overheard something that would affect her homelife so dramatically.

"Who's great Aunt Lydia, and when is she coming to stay?" she asked, sitting at the kitchen table and letting her long hair swing down behind her chair.

"Don't worry about that just now, pet." Her mother gave her a reassuring smile and tucked a stray chestnut strand behind her daughter's ear. "Nothing's been finalised yet. It might not happen."

But from the furtive glances her parents exchanged,

Katie could see that it already had, and it most definitely would.

*

Great Aunt Lydia was collected from hospital that Monday, and installed in a hastily purchased bed in the sitting room while Katie was at school. When she arrived home that afternoon, there was a strange smell in the air, like cheap air freshener sprayed to mask the fetid odour of a dead mouse. As she passed down the hall, the smell got worse.

"Ah! Katie, you're home early! I thought you were going to Olivia's house to do your homework together today?" Her mother's voice sounded far too bright and her smile was strained as she hurried out of the sitting room and closed the door behind her.

"I was, but Olivia's brother chipped a tooth in the playground, so they needed to take him to the dentist instead. What's going on in there?" Katie asked suspiciously.

"You remember we talked about your father's Great Aunt Lydia coming to stay?" her mother asked, her singsong voice starting to grate on Katie's nerves. "Well, the hospital called this morning to say if we couldn't take her right away, they would have to discharge her to a care home, as they need the bed for other patients. You father took some time off work to go and buy the things that she'll need, while I drove over to pick her up."

"You mean Great Aunt Lydia's living in our sitting room?" Katie's eyes darted to the closed door.

"Ssh, she's sleeping," her mother said, guiding her into the kitchen. "She's going to need peace and quiet in the afternoons while she has her nap."

"But what about my piano?" Katie protested. "I need to practise! How am I supposed to play if Great Aunt Lydia's taken over the sitting room?"

Her mother's lip twisted in a way that Katie knew from long experience meant 'I'm doing the best I can and I can't deal with anything else right now'.

"Look, we'll work something out, alright, pet? Maybe if she's feeling up to it, we can get Great Aunt Lydia to sit in the kitchen for an hour in the evening while you practise, or she can maybe even sit outside for a bit on warm days."

"And where are we supposed to sit the rest of the time?" Katie asked petulantly.

"In here," her mother sighed. "Or in the dining room."

Katie eyed the tiny room through the sliding doors that barely had enough space for a round table, a few chairs and a small sideboard. Her own bedroom was too small for much more than sleeping in, and she wasn't willing to give up the best room in the house to a complete stranger without a fight. “What about the TV?” she demanded. “That’s in the sitting room. Can we move it to the dining room?”

Her mother hesitated. “I was going to, but…”

“But?”

“Your Great Aunt Lydia needs something to keep her occupied during the day. It’s not much fun being stuck in bed for so long.”

“Then are we going to get another TV for the dining room?”

Her mother was starting to look pained. “You know money’s tight, pet. We’ll need to wait and see how things go.”

Katie also had enough experience of her parents’ strained finances to know that was a very definite ‘no’. She opened her mouth to complain loudly, then closed it again. It wouldn’t do any good, and besides, it wasn’t fair. Her parents were doing their best. They hadn’t asked for Great Aunt Lydia to get ill and come and live with them any more than she had.

That evening, Katie met Great Aunt Lydia for the first time. After a hushed dinner in the kitchen, their voices kept low so as not to disturb the old lady in the room next door, Katie’s father brought his daughter through to see her.

Katie wasn’t quite sure what she was expecting to see. She didn’t have much experience of old people. Her grandparents had died when she was too young to remember them, and the oldest people she knew were her next-door neighbours who had recently retired and were fit and healthy enough to spend most of their day pottering around the garden.

She wasn't prepared for how thin and frail the old woman propped up in bed with a mountain of pillows looked. Below the hair scarf tied around her head, her face was skeletal, a lurid smile painted on with bright red lipstick. Her skin was mottled and had a papery look, the hands that rested on the bedspread curled by age and arthritis into gnarled claws. Everything about the old lady seemed to suggest she was dying, except the unnaturally bright eyes that peered out at Katie from below the edge of her hair scarf.

"Hello, dear," Great Aunt Lydia said in a reedy voice whose melody had long gone. "You're so pretty. Look how long your hair is!"

She held up her hand eagerly. Katie would have stepped back, but her father was standing right behind her and she didn't want to look rude. She submitted to the clawed fingers stroking her chestnut locks the way a fly submitted to the twitching ministrations of a spider.

"I had long hair once, just the colour of yours," the old woman said wistfully. "I got it cut to make it easier to manage in hospital, but I'm growing it again."

Her body might be weak, but her eyes were sharp, and she caught the dubious look Katie threw at her.

"My lovely doctor gave me a wonderful herbal remedy," Great Aunt Lydia said, reaching for the bag that was sitting by the side of her bed. Forgetting to let go of Katie's hair with the other hand, she looked surprised when the girl let out a loud 'ouch!'.

"Oh, I'm so sorry, dear!" the old lady gasped. "I've got a bit of your hair stuck in my ring, I'll just…"

Great Aunt Lydia tugged the long lock that had caught in the jewelled socket of the tarnished ring she wore. Katie was disturbed to see how much had come loose from her head. Before she could protest, the old woman wound it up with surprising speed for such arthritic hands and tucked the strands under her pillow.

"There, all unstuck. As I was saying, my young doctor friend – he studied abroad, you know – gave me an incredibly potent hair tonic. It's done wonders for me already."

Despite her ringing endorsement, she didn't offer to show Katie and her father the results of this miracle cure. After a stressful day rushing to the shops at lunch, racing home to set everything up, then working overtime to compensate, Donald had clearly reached his 'Great Aunt Lydia' limit for the day.

"I'll leave you two to get to know each other better,"

he said, giving Katie's shoulder a squeeze that clearly signalled 'Do me a favour and keep the old dear occupied while I go and read my paper'.

Katie caught the yearning look he threw the television as he hurried out. She clearly wasn't the only one who was going to resent giving up the sitting room to the unwelcome visitor.

Great Aunt Lydia followed Katie's eyes, but misread where they landed. Her own gaze lighted on the instrument against the wall opposite the bed. "Oh! Is that your piano, dear?" she asked. "Do you play?"

Katie nodded. "But I don't want to disturb you, so if you'd rather I didn't—"

"Of course I'd love to hear you!" Great Aunt Lydia's rouged lips split in an eager smile. "I used to be quite a player myself when I was younger, but my hands, you see…" She held up the twisted claws and heaved a long sigh. "I can still just about hold my tapestry needle and silks, but that's all I can manage these days. Will you play for me, dear, while I do a little sewing?" she urged.

Katie wasn't keen on spending any more time in the sitting room. The smell of perfume over rot was much stronger in here and the atmosphere was unnaturally stuffy. But she did love playing her piano, and she had to take any opportunities she could while the old lady was still awake. She sat down on the piano stool, glancing behind her to see Great Aunt Lydia pull a tapestry bag from under her pile of pillows.

Katie needed to practice for her next lesson, but she didn't want to bore the old lady with scales and a repetition of the same bars of her new study piece over and over, so she opted for playing some of the tunes she knew by heart. She loved the feel of the piano keys under her fingers, and the way her hair swung behind her as she swayed in time to the music, her long mane marking time like a metronome that went tick, tick, tick…

Snip.

Katie's fingers stumbled over the keys at the sharp sound she could swear came from right next to her ear.

She turned on the piano stool to look back. Great Aunt Lydia was sitting up in bed, her arthritic fingers working with surprising dexterity on something she was sewing just out of sight beneath the folds of her sheet. Katie couldn't see what it was, but she did catch a chestnut glimmer as the light caught the silks that were threaded through the fine needle the old woman plied.

"Did you say something, Great Aunt Lydia?" Katie asked doubtfully.

The old woman looked up and gave her one of her lurid split-lip smiles. "No, dear, you just go on playing."

A little disconcerted, Katie turned back to the piano and continued with the piece. It was one of her favourites, and she'd played it at the end-of-term recital at school. She'd tried hard not to feel too pleased with herself as she sat on the stage wowing the audience with the way her fingers danced over the keys and her beautiful long hair swayed behind her in time to the music, but really, she couldn't help feeling a little—

Snip.

The sound very definitely came from right behind her.

Katie whirled round. She couldn't be sure, but it seemed as though Great Aunt Lydia was hastily rearranging the sheets as though she'd just scuttled back to bed at the speed a spider dashes for a dark corner.

"Great Aunt Lydia, what are you making?" Katie asked, seeing her threading her needle again with more chestnut-coloured silks.

"Oh, don't mind me, dear. This is just a little something to keep my hands supple. Do go on."

But Katie was feeling too unsettled to keep playing. Something felt… off. She didn't know exactly why, but she wanted to get away from that old woman with her twitching fingers and lurid red lips.

"Sorry, Great Aunt Lydia, but I have to go and do my homework now," she said, jumping up so fast she almost upset the piano stool.

"Oh, that's a pity," the old woman sighed. "You play so beautifully, just like I did before my hands seized up.

You really do have such a delicate touch with those graceful little fingers of yours…"

The way the old woman's eyes locked greedily onto Katie's hands made her shiver.

"Well, don't let me keep you back from your schoolwork. Come over here and give your great aunt a kiss before you go."

Katie went to the bed unwillingly, the pungent aroma of dead mouse getting stronger as she leaned over the old woman and allowed her to plant a wet kiss on her cheek.

"Ow!"

As Katie straitened up, she found a strand of her long hair had got caught on a button of the old woman's nightdress.

"Don't worry, dear, I'll soon have that… There!"

Katie was alarmed to see another lock of hair twisted at lightning speed around the old lady's fingers and tucked under the pillow before she could protest.

"Off you go, dear. I'll see you tomorrow."

Katie hurried away. Glancing back when she reached the door, she saw Great Aunt Lydia's arthritic fingers plying her needle with even greater speed at the tapestry she was working on under her covers.

*

"It wasn't me who did this!" Mona the hairdresser insisted. "It was like this when I got here! All I could do was straighten up the ends!"

"What a load of rubbish!" Katie's mother yelled back. "I brushed Katie's hair myself just the other day before she went to school, and it was a good five inches longer! You've been careless and taken off far more than we agreed!"

Katie sat on the kitchen chair miserably, watching the two adults argue and feeling helpless. Nothing had gone right since Great Aunt Lydia had arrived last week. Her mother was run off her feet fetching and carrying for the demanding old woman, and her father had taken to hiding in the garden shed to read his newspaper every day after work. Katie had done her best to entertain the old lady by playing the piano for her in the evenings, but the strange smell emanating from the sitting room was giving her a permanent headache.

Great Aunt Lydia said the odour was from her miracle-cure hair tonic. Katie could only hope it would start to work soon – she wasn't sure she could stand much more of the terrible smell permeating the whole house. It wasn't just that it was foul – it seemed to create a strangely morbid atmosphere, one that spoke of decay and impending death. Her father sighed that this was just the inevitable way with old people on their last legs, but Katie wasn't so sure. To her keen eyes, Great Aunt Lydia was looking even healthier than when she arrived, and although she never caught her directly in the act, she was sure the old lady was perfectly capable of getting out of bed all on her own to raid the biscuit tin in the kitchen and even rummage through the upstairs drawers in search of interesting trinkets to purloin when the family was out. Several of her mother's expensive brooches had already gone missing, and Katie couldn't find her favourite hair-brush with the soft bristles.

If that was all that was wrong, then Katie could have resigned herself to the old lady's presence in their home. But the worst thing was, something seemed to be going wrong with her beautiful hair. It didn't seem as thick as before, and when Mona had arrived after school on her father's day off when her mother was out at the shops, she'd fretted and fussed over Katie as though some terrible disaster had occurred.

"What have you been doing to it?" Mona had cried. "It looks like you've been pulling clumps out right, left and centre! And have you tried cutting it all by yourself?"

Katie insisted she hadn't. It still looked the same to her from the front, but she *had* noticed that it didn't seem as thick as usual when she'd last washed it.

Now, watching the two women argue over her while

she sat silently in the kitchen, she knew she wasn't imagining things.

"That's the last time I let you anywhere near Katie's hair!" her mother fumed. "I'll do it myself in future to make sure it's done properly!"

"Suit yourself!"

Mona packed up her kit and marched out in high dudgeon.

"Mum, I really don't think this was Mona's fault," Katie said quietly when she was gone. "I think it might have something to do with…" Katie hesitated, running her hands through the hair that was now only waist length. How could she bring Great Aunt Lydia into this? When her parents were around, the old woman's hands were simply gnarled claws that barely functioned. They had to cut up her food for her and arrange her bed covers, and even change the TV channels for her as her fingers couldn't work the controls. They didn't believe Katie when she said Great Aunt Lydia worked on a tapestry while she played the piano. The old woman's hands simply weren't up to using a sewing needle and thread, they said.

"Nonsense, this was all Mona's doing," her mother said, close to tears as she surveyed the damage to her daughter's lustrous mane. "I won't trust anyone else with it from now on. Oh, what an awful shame! It will take all year to get back to its proper length."

"Mum, don't make me feel any worse than I already do!" Katie pleaded, close to tears herself at the thought of her glorious hair being considered ruined.

"Sorry, pet, it's just… You're right. Will you be a sweetheart and go and play the piano for Great Aunt Lydia for a while before dinner? She's been fretful all day and it's driving me to distraction."

"Do I have to?" Katie shuddered. "Mum, she smells so bad, and when I play the piano, she—"

"Katie, do as you're told!" her mother said more sharply. "Great Aunt Lydia doesn't have long to live, and the only way your father and I can afford to send you to the specialist music school for your secondary education, is…" She gave her daughter a knowing look. Both of her parents knew Katie had overheard enough of their whispered conversations to be left in no doubt where the money for her future private education was to come from.

Unlike her parents, Katie wasn't convinced Great Aunt Lydia was anywhere near death's door. When Katie knocked at the sitting room entrance and stepped inside, the old woman went from lying feebly in bed to sitting up straight and grinning at her in anticipation.

"Ah, you've come to play for me! How lovely, my dear," Great Aunt Lydia sighed happily. "Will you help me open my tapestry bag first?" She pulled a cloth bag out from under her bedsheets and held it up. "The zip's stuck."

Katie didn't want to go anywhere near the old woman who was smelling worse by the day. But this was her chance to get some evidence for her mother that Great Aunt Lydia was indeed sewing while she played the piano, and that her hands were not nearly as useless as she claimed. It might finally convince her parents that they didn't have to run themselves into the ground doing every little thing for the old woman when she was perfectly capable of doing much more for herself than she claimed.

Katie went to the side of the bed and put her hand out for the bag, but Great Aunt Lydia was holding it just out of reach, making Katie stretch for it.

Snip.

The sharp little sound came again just as her fingers closed over the cloth bag.

"What was that?" Katie demanded.

"What, dear?" Great Aunt Lydia looked at her innocently, her unnaturally bright eyes twinkling. "My hearing isn't as good as it once was, not like your keen little ears." She reached up and tucked a strand of Katie's hair behind her ears. Katie couldn't be sure, but it seemed as though something came away under those grasping fingers, hidden under the bedclothes quick as a flash.

"What are you sewing, Great Aunt Lydia?" Katie asked, tugging at the jammed zip.

"Oh, just a little thing to keep my fingers working. I wish I had wonderful fingers like yours so I could play the piano again."

Great Aunt Lydia was looking at Katie's hands so covetously it made her shiver.

The zip finally yielded and the cloth bag fell open. Katie was disappointed to see that all it contained was some needles, several small pairs of scissors, and a folded piece of what looked like yellow cloth.

No, not cloth, Katie decided, stretching her fingers inside to feel it. It had the papery texture of skin. In fact, it almost felt like—

She snatched her fingers back as though she'd been burned. Whatever was in there it wasn't… natural.

"I have a lot of homework to do today," she said quickly, abandoning the idea of stealing the bag from the old lady and taking it to show her mother. "I don't have time to— Ow!" As she turned away, a long strand of hair got caught in the zip of the tapestry bag.

"Not to worry, dear!"

Quick as a flash, the strand was detached, wound around gnarled fingers, and tucked under the pillow.

"Now, be a dear, and play me just one little tune? Please? I don't have long in this world, you know, and I do so love to hear the pieces I used to play when I was able."

Katie hesitated. On one hand, she desperately wanted

out of that foul-smelling, claustrophobic room. On the other, she knew how important it was to keep Great Aunt Lydia happy. The money from her will would ensure she'd be able to attend the best music school in the country. And if there was one thing Katie wanted more than anything, it was to get a shot at becoming a proper pianist.

"Alright, Great Aunt Lydia," she sighed. "Just one piece."

As she headed over to the piano, the old woman reached eagerly into her tapestry bag.

*

By the end of the second week of Great Aunt Lydia's stay, Katie's mother was growing desperate. It wasn't just the exhaustion of meeting the care needs of the demanding old woman that had frayed her nerves so badly. She was so worried about the deteriorating state of Katie's hair, she could barely sleep a wink. When she'd held a mirror up to her daughter's hair that morning, Katie had bawled her eyes out. Her hair was barely below her shoulders, so thin now she could see patches of scalp showing.

"I don't understand it!" her mother said when they came back from the doctor's surgery. The doctor had given Katie a clean bill of health, and suggested some vitamin supplements and other useless cures. "Are you sure no one's been tampering with it at school?"

"No!" Katie wailed. "I *told* you, Great Aunt Lydia—"

"Great Aunt Lydia can't even hold a spoon with those arthritic fingers of hers!" her mother snapped, sick of hearing the same excuse. "I've been over the sitting room with a fine-tooth comb multiple times when the home help has taken her for a bath. There's no tapestry bag, no scissors, and I'm tired of these silly stories, Katie!"

"I don't want her here, Mum!" Katie cried, "I want to go back to the way it was before she came and ruined everything!"

Her mother heaved an even bigger sigh. "We only have to put up with it for a few more weeks, Katie. The poor old dear's at death's door. Just a few more weeks, and then we'll have the money to send you to that special music school – won't that be worth it?"

Katie nodded miserably, the sad little ponytail with its pitiful strands bobbing up and down behind her.

Her father came into the kitchen carrying the remains of Great Aunt Lydia's meal on a tray. The bags under his eyes were so heavy it looked as though his face was melting.

"Hello, my pretty little Rap—" he bit his tongue, glancing at the state of his daughter's hair and deciding the pet name was no longer appropriate. "Katie, Great

Aunt Lydia's heard you're having problems. She asked me to give you this." He held out a bottle.

"What is it?" His wife snatched it off him suspiciously.

"It's hair tonic," Donald told her, setting the tray by the sink. "She swears it's a miracle cure for hair loss."

"Have you actually seen any hair under that scarf she always wears?" his wife asked doubtfully.

Donald shook his head. "But if the doctor can't help, then surely it's worth a try?"

Both of her parents looked at Katie. She gazed at the little bottle with its handwritten label, and nodded miserably, feeling her sad little bunt of hair wagging up and down behind her like the tail of a stray dog.

*

That night, it took Katie a long time to fall asleep. Her mother had spent an hour rubbing hair tonic into her scalp and brushing the remains of her once beautiful locks. The tonic had tingled unpleasantly, but at least it hadn't left her head smelling foul the way Great Aunt Lydia's room smelled. Not until the middle of the night, at least.

Katie couldn't be sure if she was asleep or awake when the noises started.

Snip. Snip. Snip.

She tried to sit up in bed, but her limbs felt heavy, the way they did in that unpleasant state between sleeping and waking.

Snip. Snip. Snip.

Katie was aware of something hovering over her, strangely febrile limbs seeming to twitch all around her in the dark. Every time she managed to overcome the inertia and turn her head, she seemed to see something scuttle back into the shadows in the corner of her room, as though a monstrous spider was retreating to its web.

She couldn't move. She couldn't call out. All she could do was lie still and allow the creature to flicker and dance around her until morning, the smell in her room getting worse and worse until she could barely breathe.

*

"Katie, pet, you can't sit here moping all day, it's not healthy," her father said gently, giving her back a rub as she sat at the kitchen table doing the work her teacher had sent home from school for her to complete. She hadn't gone to school all week. Not since she'd woken up to find herself completely bald, only a few loose strands of hair stuck to her pillow. Her mother had screamed louder than Katie had when she saw it.

Katie was still so wound up with anxiety over her loss that she could barely eat or sleep.

Her mother was out seeing the doctor to get medication to manage her own anxiety, and her father had taken the week off work to keep everything going. He was trying his best, but even Katie's tear-blurred eyes could see he was close to dropping from exhaustion.

"Why don't you go and play the piano, pet?" he suggested gently. "Great Aunt Lydia's been asking for you all week. She's only got a few days left – the doctor's sure of it. She'd love to have a bit of music in her last hours."

Katie shook her bald head. "She's not dying, Dad!" she insisted. "That old troll is getting stronger than ever! She's been lying to everyone. She's never *ever* going to die!"

"Katie!" her father cried. "That's a terrible thing to say! Look, I know you're having a tough time at the moment, but your hair will grow back, and by the time you're ready for secondary school no one will ever know you lost it. Just go and play your Great Aunt Lydia a few pieces, please? She's desperate to hear the piano, and we can't afford to do anything that might make her change her will at this late stage She even hinted as much this morning. Please, Katie – for the sake of your place at the music school?"

Katie knew she had no choice. She got up unwillingly and trudged to the sitting room, her hand trembling as she turned the door handle.

When Great Aunt Lydia saw who had come to visit her, she sat up in bed, her eyes glinting so brightly they seemed to be lit by some inner power source.

"Ah, *there* you are dear!" she beamed through her ruby-red lips. "Such a shame about your poor hair. I'm afraid that tonic was too late to be any use saving it. You should have started using it when I did – such a miraculous cure! Why don't you help me with my scarf so you can see?"

The last thing Katie wanted to do was lean over the bed and touch the old woman who was smelling so foul now it made her gag. But remembering her father's words, she did as she was told. When the scarf was unwound and Katie saw what was hiding underneath, she couldn't hide her gasp.

Great Aunt Lydia had a full head of hair. It was a glorious chestnut colour that shone in the sunlight, so thick it looked like it had been sewn to her scalp with extra-fine needles. The sour smell was coming from her head, as though her scalp was somehow rotting underneath that incredible mane of hair.

Seeing Katie's wide eyes, Great Aunt Lydia's smile grew sly. "Don't worry, dear. I'm going to contact my doctor and see if he can get you some more of that tonic.

It comes from abroad, you know, so it might not be easy to get hold of again, but we'll do our best. Now, in the meantime, could you play me something nice? Oh, I do so long to have clever little fingers like yours again!"

Great Aunt Lydia's gnarled hands snatched eagerly at Katie's fingers, and she drew them back just in time, hurrying to the piano to keep them out of reach. There was something odd in the old woman's expression, the same eager glint flashing in Great Aunt Lydia's eyes when they lighted on her fingers that Katie had seen when the old woman had first glimpsed Katie's lovely hair.

Katie's hands trembled over the keyboard, but she concentrated on playing, keeping her mind fixed on the goal of pleasing the old woman so the family would inherit the money needed for Katie's future music school tuition.

"Oh, I do so wish I had your skilful little fingers!" Great Aunt Lydia sighed on the bed behind her.

Katie's heart beat faster. She ignored the reedy voice, playing louder to drown the old woman out. But as she played, out of the corner of her eye, Katie thought she saw the telltale flash of a pair of sharp scissors.

Snip.

SNIP, SNIP

Curtain Call

Lucy knew there was something wrong as soon as she stepped through the door of her newly decorated bedroom.

"Isn't it wonderful?" her mother beamed. "It's exactly the way I imagined it! You're so clever with your hands, Roger."

Her husband nodded wearily, rubbing his aching back. "Well, it took a lot longer than I expected, and it was way more expensive than we'd budgeted for..." Seeing his wife's smile slip a little, he added quickly, "But it was worth it for my little princess. Anything to make her happy." He ruffled Lucy's blonde curls affectionately.

Lucy was anything *but* happy.

Her dark blue wallpaper with its solar-system posters had been stripped off, replaced by lurid pink and white candy stripes. The papier mâché planets and moons she'd spent so long decorating were no longer suspended from the ceiling light. Now, spangly plastic stars took their place, their cartoonish shapes mocking her pursuit of astronomical realism. Her bed was changed beyond recognition. Gone was the faded quilt with its picture of the moon suspended in space above planet Earth. Lucy bit her lip. She'd begged her mother for that quilt and pillow set when she saw it in a half-price sale two years ago. It had been the perfect match for her space-themed room, helping her drift off to sleep each night to dreams of galactic adventures.

Her bed was now the nightmare spawn of a candyfloss-fed spider. The quilt and pillowcase were a bloated nest of overpriced fairy-themed bedcovers and cushions, and her father had attempted to complete the fairytale look with weblike swirls of pink and white chiffon pinned to the ceiling to mimic the canopy of a four-poster bed.

Everything was wrong. Everything was *pink*.

Lucy *hated* pink.

She wanted to be a space pirate. She definitely did *not* want to be a stupid fairy princess.

She was gazing around in dismay when her eyes came to rest on the curtains on either side of the window near her bed. That was when her feelings of unease at the unwanted changes to her personal space crystalised into fear. The curtains weren't just wrong – the wrong colour, the wrong style, the wrong mood.

The curtains were *bad*.

Lucy couldn't put into words why she felt such strange fear at the sight of the old-fashioned, dark pink curtains that hung in velvet folds from the ceiling all the way down to the newly laid carpet. She was only eight and hadn't yet developed the vocabulary to describe the sensation she felt when her dreams began that slow descent into oppressive terror that signalled the onset of a nightmare. All she knew was that the curtains were not only out of place, but beyond the realm of the normal and the natural.

Her mother saw Lucy's eyes widen at the sight of the heavy drapes, and she misinterpreted her daughter's expression entirely.

"Oh! Where *did* you get that wonderful curtain material from?" Barbara gushed, fingering the thick velvet greedily. She was attracted to anything that looked costly, her avaricious streak making her discontented and fretful whenever their neighbours conspicuously displayed their greater wealth.

"Ah, that material was a real bargain," Roger said proudly, forgetting for a moment that his wife didn't share his working-class predilection for thrift. "You remember my mate Steve who's a contractor for the council? Well, he was working on that town hall refurbishment project, and one of the things they replaced was the curtains – the stage, the dressing rooms, all that sort of thing. He gave me a call before they took everything to the dump to see if there was anything I wanted for..." Roger trailed off, seeing his wife's smile freeze into a grimace he knew from long experience was the prelude to one of her tirades that made it clear how far he fell short of the husband she'd dreamed of.

"You mean this fabric is *second-hand*?" Barbara scowled, dropping the edge of the curtain as though she'd touched something unwholesome.

"It's still in great condition!" Roger protested, trying to forestall the wave of dissatisfaction he could already see rising on the tip of his wife's tongue. "It was top-of-the-line material back in its day!" He could see his words were only making things worse, and in desperation, he lighted on the one word guaranteed to appeal to his wife's pretentious tastes. "It's *vintage*," he assured her.

Barbara's smile returned with renewed brightness. "Of course," she beamed. "I really must show this to Jill and Tabitha when they come over for Lucy's birthday party on Saturday."

Her parents didn't see Lucy shudder at the thought of more people violating the sanctity of her already desecrated room.

"Daddy, where are my planets and my posters and my space curtains?" she asked in a small voice.

"I put them in a box in the attic," her father said, too busy admiring his handiwork to notice that her bottom lip was trembling. "All that blue and black was depressing. This is much better, isn't it?"

When he turned to face her, Lucy could see how eager he was for her approval. She was too young to know how unhealthy it was for him to rely on his daughter's hero worship to make up for his wife's fickle affection. She only knew he'd been working hard on her room for days while she slept downstairs on the sofa. If she didn't sound appreciative now, it might crush him.

"Thank you, Daddy. It's lovely," she forced herself to say.

"Happy Birthday, Princess."

The grateful smile her father gave her was almost worth the pain of having her personal space turned into an apocalypse in pink.

*

That night, Lucy felt the loss of her familiar planets and stars more than ever. Her old blue curtains – covered in brightly coloured rockets blasting off to exciting new worlds – had been thin, admitting the light from the streetlamps outside. The soft orange glow had been comforting, merging gently with the reassuring light from her moon-shaped night lamp. That was gone now, replaced by an ugly toadstool lamp that gave out a strangely reddish glare, as though evil sprites were hard at work inside crafting curses at their satanic forges. The thick velvet curtains shut out all illumination from outside, the eerie furnace light from the grotesque toadstool lamp casting strange shadows on the pink fabric, turning it into something strangely fleshy and protuberant as the wind stirred the air restlessly.

Lucy pulled her fairy quilt over her head, trying to blot out the sight. But the bed clothes weren't the familiar light-weight ones she'd hid under to read by torchlight or comfort herself after nightmares in the past. These bedclothes were voluptuous and oppressive, suffocating her in their spongy, marshmallow folds. A few minutes of sweating restlessly in her stifling cocoon was all she could bear before she was forced to throw the covers off and face the red-tinged gloom once more.

She wished now she'd asked her father to shut the window after he read her a bedtime story. But without the breeze to relieve the summer heat, she knew she'd wake up with a headache that would linger all day. Still, she thought now that would be preferable to the sinister gusts that gathered up the long lengths of cobwebbed chiffon hanging from the ceiling around her, blowing them aside to give her a clear view of the velvet curtains over the window opposite her bed.

In the night lamp's crimson glow, Lucy felt sure she

could see shadowy faces staring back at her from the thick fabric.

Each time the curtains were stirred by the breeze, the faces shifted, their mouths opening and closing in silent screams. Lucy could feel her own scream building at the back of her throat, the panic clawing its way up from her stomach and trying to force its way out through the lips she struggled to keep closed.

I mustn't shout out! she thought desperately, watching the faces swirl restlessly over the surface of the fabric, each one more awful than the one before. *I have to keep quiet!*

It was no good. Another mouth opened in the shadows, the folds of fabric twisting in a horrible, soundless moan so distressing that Lucy could bear it no longer.

"Daddy!" she cried, her voice trembling in the dim red light. "Daddy!"

There was silence for a long moment, and then the sound of movement in her parents' room, and footsteps crossing the hall.

The main light of her room flicked on, instantly obliterating the strange shadows and faces in the curtains.

"What's the matter?" her mother said irritably, blinking in the harsh glare.

Lucy's thudding heart beat even faster. "Sorry, Mummy,

I thought Daddy—"

"Your father's got to be up early for work tomorrow. What's the matter?" her mother repeated. Lucy could see her mother frowning beneath the thick layer of night lotion covering her face.

"I don't like this night lamp," Lucy admitted, realising as she said it how silly it would sound to a grown-up. "It makes the shadows look..." She trailed off, the white lotion on her mother's face clumping into hard lines as her scowl deepened.

"For goodness' sake, Lucy!" she snorted. "You're too old for this nonsense. Your father spent a lot of money on that lovely lamp – don't be so ungrateful. If you want to turn it off, you can do it yourself."

The thought of being alone with the restless curtains in the pitch dark was more than Lucy could bear.

"Could you close the window? Please, Mummy? I don't like the curtains moving," she whimpered.

"You got me out of bed in the middle of the night to close your window for you?" Her mother was sounding dangerously close to losing her temper. "We've clearly been spoiling you, Lucy. You're eight years old – you need to do things for yourself. I'm not your servant, you know." Her mother switched off her night lamp before stomping to the end of her bed, throwing aside the curtains and closing the window with an emphatic thump.

For a moment, Lucy could see the reassuring glow of the streetlights outside before her mother shut the curtains again.

"Could you leave them open?" she begged. "I like the light from outside."

"What, and have all the neighbours looking in?" her mother scowled. "Don't be ridiculous, Lucy. And don't wake me up again – I've got a lot of work to do tomorrow preparing for your birthday party, and I'll have to be up at the crack of dawn too. You need to start thinking about other people instead of being selfish."

With that last parting shot, her mother flicked off the light and closed Lucy's door, leaving her daughter alone in the dark.

Lucy felt tears pricking her eyes behind her tightly shut lids. She hadn't wanted the birthday party. It was yet another one of her mother's plans to show off to their neighbours. Lucy was a quiet child with few friends, but she was content to spend her time reading in the school library instead of playing with the other girls in her class. Her mother couldn't stand the thought of an opportunity for a party passing by, marked only by Lucy inviting one or two fellow bookworms to a quiet birthday tea. Instead, she'd planned a lavish, fairy-themed celebration for all the children on their street and their mothers, complete with

with a castle cake and noisy games that Lucy knew she would hate.

The fairy-themed bedroom was her mother's pièce de resistance, her way of showing off her aspirational tastes to their richer neighbours. Lucy could have endured the party, and even borne the unwanted changes to her room, if it wasn't for those awful curtains. In the dark, she could *feel* them, an oppressive presence just beyond the end of her bed, their ghastly faces staring out of the fabric, waiting for her to open her eyes and meet their gaze.

All night she lay awake, every nerve strained to breaking point until at last she heard the sound of her parents stirring and cars passing in the street. Even then, she didn't have the courage to open her eyes until she was absolutely sure that sunlight was shining through the small space between the top of the curtains where the rail met the wall.

She opened her eyes cautiously, first one and then the other, blinking as she adjusted to the pale light. Just as the world swam into focus, her gaze came to rest on the pink curtains at the end of her bed. She couldn't be sure, but it seemed, just for a moment, that a face had been visible in the soft light of day, before fading back into the folds of the fabric.

Lucy shuddered despite the summer heat. The face, she thought, had been *grinning* at her.

*

Lucy was glad for once that she was able to escape to school that day. She usually hated weekdays when she was cooped up in a classroom, waiting nervously for her teacher to call on her. She always knew the answer to every question, but she hated being the centre of attention, and dreaded having to speak up in class. The other children had noticed long ago how reticent she was, and made a special point of tormenting her by mimicking her stuttered responses when they were out in the playground.

The noisy school yard was her idea of hell. Fortunately, a kindly parent volunteered to open the library twice a week, and today Lucy was able to avoid the noise and chaos of the playground altogether. Refreshed by her time spent deep in comforting books, Lucy returned home feeling much better. She found her mother fussing in the kitchen, putting the finishing touches to the birthday treats for her party the next day.

"Lucy, stay out of here, I've got enough to do without you getting underfoot," Barbara sighed, wrestling with a mountain of sausages she was wrapping in pastry. After having spent so much on Lucy's fairy-themed room and castle cake, the rest of the party treats would have to be homemade. Barbara was determined to make them look shop-bought, even if it meant slaving in the kitchen till her back and feet ached. It would be worth it to prove to her neighbours she was every bit as good as them, even if Roger didn't have a fancy job in the city and couldn't match their incomes.

"Can I just get a drink of—"

Lucy was only halfway to the fridge when her mother's frown sent her scuttling out of the kitchen again and up the stairs. She filled up her toothbrush holder at the bathroom sink and took that to her room instead.

In the bright summer sunlight, her room looked garish and ugly, but at least there was nothing sinister now about the curtains that had kept her up all night. Lucy stepped up to the window hesitantly, examining the fabric that hung in thick folds on either side. The velvet was smooth, no shadowy faces disturbing its surface.

I must have imagined it, Lucy thought to herself. *Maybe Poppy at school's right – maybe I do read too many books and get stories muddled up with the real world.*

Poppy lived in the big house at the end of the street and was as stuck up as her mother. Lucy wasn't sure she could believe anything that Poppy said, but for once, she hoped the nasty girl was right.

Determined to conquer her fears once and for all, Lucy reached out and grasped the fabric, running her hand down the heavy velvet. The material felt strange under her fingers. The pink velvet looked bone dry, but was wet to the touch, almost as though it were made of layers of sliced meat. Lucy wrinkled her nose in disgust. Before she could pull her hand away, a sudden pain flashed up her middle finger.

Lucy stumbled back, instinctively placing her finger in her mouth and sucking it to ease the pain. A coppery taste hit her tongue, and when she drew her finger out again and looked at it, a large bead of blood dripped from the tip.

There must be a pin still in the curtain, Lucy thought. Her father had said his friend Steve helped him get the curtain material. She knew that his wife liked to make things with her sewing machine – that must be who made the curtains. Her own mother never repaired clothes, infuriating her father by simply throwing them out if they lost so much as a button.

Yes, that must be it. A pin left over from sewing the seams. Nothing to do with the faces she'd seen the night before, leering out at her in the reddish light and—

Stop it! Lucy thought. *It was just your imagination.*

Pushing away thoughts of faces with wide open, wailing mouths, Lucy turned her back on the curtains and went to her desk, pulling out her sketch book and colouring pencils.

She might not be able to change her garish new wallpaper, and her father might have put all of her space posters up in the attic out of reach, but she could at least fly her own small flags of defiance in the fairy field occupying her personal space, in the form of her artwork.

Soon, Lucy was lost in another world, the landscape of an alien planet taking shape under her fingers. She was so absorbed in her drawing, she didn't notice the clouds closing in and the bright sunshine fading to gloom. It was only when a shadow began to creep across the wall at the edge of her field of vision that she realised how dark the late afternoon had become.

She glanced up. The shadow on the wall was cast by something moving in front of the window. Something that appeared to be creeping towards her. It was the silhouette of something long and thin – many tattered fingers reaching for her from an arm at once too elongated to be human and too ephemeral to be real.

Lucy whirled round. Behind her, the curtains rippled gently by the side of the window, stirred by the wind that had picked up and was stealing through gaps left by the cut-price double-glazing job the builders had done last year. There was nothing else moving in her room. Nothing out of the ordinary. Nothing to be afraid of.

And yet…

Lucy shivered. She knew she wouldn't be welcome downstairs until teatime – her mother had already decorated the living room ahead of tomorrow's party, and had issued strict instructions to Lucy and her father to keep out lest they disturb so much as a single spot of carefully vacuumed carpet.

Lucy went back to her drawing, but her pencil moved slowly now, her mind no longer on the task before her. Instead, she watched the wall.

At first, she saw nothing but the ugly pink and white stripes staring back at her. But then, something began to emerge right at the furthest edges of her peripheral vision. Her desk sat in the corner of her room, its short edge against the wall with the window. Something was creeping along that wall, stretching out, reaching for her. Lucy held her breath, frozen in her chair with fear, waiting, watching, as the fluttering shadow with the feel of fabric came inching closer and closer to her.

Too afraid now to turn her head and look, Lucy had the impression that the shadow arm was growing, bulging, becoming a head with a wide-open mouth that came lunging towards her and—

Lucy jumped up with a yelp of pain and terror, spilling her pencils across her desk and knocking over her chair. Something had sunk its teeth into her shoulder and bitten down hard.

"Lucy!" her mother shouted up the stairs. "Stop carrying on up there! I have enough to do without you getting up to mischief."

Lucy had already run to the door, standing with one foot in the hallway, ready to flee at the slightest hint of movement. But all was still in her room, the heavy curtains no longer even quivering in the breeze through the badly sealed window frame.

Her hand flew to her shoulder, touching the spot where she'd felt the sharp bite of teeth. The flesh felt tender, but unbroken. There was no blood, nothing she could take to her mother to prove she wasn't making the story up.

I'm not sleeping in here tonight, she vowed, edging along the wall until she reached her bed and squatting down beside it. Fixing her eyes on the curtains opposite her, she stared for as long as she could, only blinking when her eyeballs grew so dry they stung. One quick blink was all she allowed herself, before continuing her surveillance. She wouldn't be caught unawares by those uncanny drapes ever again. She would rather be anywhere else, but she couldn't go downstairs and disturb her mother without an excuse, not yet. She would simply have to wait and watch the curtains until dinner time, and then again until bedtime, right up until her parents retired and she was able to escape to another part of the house.

And that's exactly what she did.

*

"Lucy! What on earth are you doing in here? This was supposed to be a surprise, and you've gone and ruined it!"

Her mother's shrill voice woke Lucy more effectively than an air-raid siren. Lucy sat up, blinking for a long moment as she tried to work out where she was. The room swam into focus, her heart sinking when she saw the glittery 'Happy Birthday' banners festooning the walls, the pink balloons mushrooming by the bookcase and the huge castle cake sitting in pride of place on the table. She knew she wasn't allowed in the living room just yet, but she'd crept down to sleep on the sofa as soon as her parents had gone to bed. She'd rather face her mother's anger and disappointment than one more night with those disturbing curtains.

"I'm sorry, I couldn't sleep. I just got so used to being down here while Daddy was doing up my room..." Lucy knew it was a feeble excuse, but she also knew her mother was too wound-up about the coming party to listen to her anyway.

"Get upstairs and into the shower," her mother fumed, plumping the cushions and examining the sofa for specks of imaginary dust. "The guests are arriving at one, and I still have the chocolates to wrap for pass the parcel and the vol-au-vents to stuff. Stay upstairs until I'm finished, understood?"

Lucy nodded sleepily, even though she had no idea what a vol-au-vent was. She had no idea what most of the things were that her mother was preparing for the party. It wasn't Lucy's party, not really. It was her mother's party to impress their neighbours. While the children played pass the parcel for chocolate, her mother would be playing with the other mothers, their own parcel filled with expensive little gifts from the local jewellers. She was just glad her father was working today. She didn't want to see his face turn white when he realised the full extent of her mother's preparations and began totting up what this Saturday extravaganza was going to cost him.

Lucy peeked into her room on the way to the bathroom. Her mother had opened her curtains and laid her party dress out on her bed. It was violent pink with purple stars. Lucy's heart sank even further. Her mother had said she needed a new party dress this year, and as soon as she'd seen it in the shop window, Lucy had wanted the black dress with blue and white swirls that looked like distant galaxies. She couldn't understand her mother's obsession with princess pink. It was almost as if she believed she could turn Lucy into the prefect fairytale daughter if she just surrounded her with enough props and costumes.

The curtains looked perfectly ordinary – even a little shabby – in the pale morning light. Lucy hoped the sun would come out in time for the party and brighten them up. Her mother would want to show off the latest decorations to the other parents during the party, and Lucy was afraid they'd look down their noses if they realised that 'vintage' meant second-hand from the town hall skip.

Besides, a bit of sunshine would go a long way to chasing away the shadowy faces that seemed to lurk in the heavy folds of the fabric, their empty eye sockets staring out at Lucy and—

Lucy turned and ran for the shower.

Later, after she'd sat for several hours by the side of her bed, waiting for the fussing and clattering to abate downstairs, her mother finally turned her attention to her daughter.

"How you grew such thick, tangled hair, I'll never know," her mother grumbled, attacking it with a hairbrush accusingly as though Lucy was personally responsible for her genetic makeup and had inherited wayward follicles just to spite her. "Poppy has such lovely hair. It's so soft and shiny, just like a princess."

Just like her mother, Lucy thought glumly. *And I've got hair just like* my *mother.* Barbara never seemed to mention that fact. It was almost as though she'd displaced all her jealousy of her rich, polished neighbour onto her daughter.

"That'll have to do," she sighed. "Stand still while I get this dress on."

Lucy submitted to being drowned in the frothy pink gown despite hating everything about it. Her only consolation was that this party would keep her out of her room for the rest of the day. Her eyes crept to the velvet curtains again as her mother finished tying matching ribbons in her hair. The curtains were eerily still, almost as though they were waiting eagerly for something.

Lucy had the horrible feeling that somehow, the curtains were *hungry*.

She pushed the thought away and followed her mother downstairs, waiting obediently on the sofa until the doorbell rang and the first guests started arriving.

The party passed in a blur of fairy-themed decorations, frenetic games, too much rich food and a side helping of adult gossip shared in the kitchen over sparkling wine. Lucy couldn't understand the subtext of her neighbours' snide remarks as they surveyed the house and its decorations, or passed judgment on the party food and preparations. She could only observe her mother's reaction, her smile becoming a little more manic and more fixed with each cutting remark.

Tabitha, from the big house at the end of the street,

clearly enjoyed making her neighbours look small, and was intent on ensuring Barbara knew her place right at the bottom of the social pecking order.

"Why did you not ask me for a recommendation for a baker?" she asked with fake concern after pronouncing the expensive castle cake too dry to be palatable. "These cheap shop-bought cakes are always overcooked and over-iced. Look – there's an inch of fondant on this and hardly any substance." She rolled the slice of cake over on her plate like it was a slab of cement.

Following her lead, the other mothers abandoned their plates on the table and stood around lamenting that their children were going to be insufferably hyper when they got home after the excessive excitement of the games and all the unhealthy sugar they'd been consuming. By the time the third bottle of wine had been opened, Barbara was starting to look a little shell-shocked by the endless veiled criticism.

Tabitha's daughter, Poppy, was every bit as bad as her mother. With her silky soft hair and her sparkly satin dress, she was every bit the fairytale princess Lucy's own mother clearly wanted. She hung around Lucy like a bad smell disguised as perfume, commenting loudly on the presents she received and comparing every party game unfavourably to the bouncy castle extravaganza her mother had held that summer, to which

Lucy hadn't been invited.

Lucy bit her lip, putting up with everything for her mother's sake. She'd spent so much money on this party and so much time preparing, Lucy couldn't let her down by making it obvious how little she was enjoying it.

The final straw came when Barbara, in an attempt to impress the other mothers, mentioned the recent additions to Lucy's room, and everyone immediately asked to see it.

Lucy resigned herself to trudging upstairs after the group of parents and children, wincing at the sight of so many unwanted strangers invading her personal space. The mothers' eyes lit up at the sight of the fairy-themed room, not because they were impressed, but because each one had an unflattering comparison to make.

"I can see that Roger likes to try his hand at DIY, but really, Barbara, you should have called a professional in."

"Oh, I saw that wallpaper on sale the other week. I was going to get some – just for papering the attic, you understand – but I didn't think the quality was good enough."

"We got our Julia a proper four-poster bed for her fairy room. It's worth spending the extra money to avoid furniture looking tacky, don't you think?"

Somehow, in the crush of bodies in the small room, the curtains were overlooked. The children, after glancing around briefly and finding nothing to impress them in the pale imitation of their own superior bedrooms, had already decamped downstairs to finish off the cake while their mothers weren't looking. Barbara clearly decided that pointing out the second-hand curtains she'd thought were chic would simply be pouring fuel on the fire at this stage.

"Why don't we go and sit in the garden while the sun's still out?" Barbara suggested, her overbright smile looking slightly manic. "There's another bottle of wine in the fridge."

"Let's hope it's better than this stuff," Tabitha muttered as the other mothers dutifully filed out behind their host and headed downstairs.

Tabitha was the last to leave. When the crush of bodies cleared and she was alone, her eyes alighted on the curtains. Lucy hovered, not wanting to go until the last of the stragglers had left her private space and she was sure nothing more would be disturbed.

Tabitha seemed strangely drawn to the drapes, her fingers reaching out to stroke the fabric.

"No!" Lucy shouted. Remembering her cut finger and the sharp teeth that had seemed to bite her shoulder, she darted forward, knocking Tabitha's hand away. Unfortunately, she only succeeded in upsetting the wine glass held in the other.

"Now look what you've done!" Tabitha snapped as wine went spilling over the curtains and her own elegant dress. "Don't just stand there, you silly girl! Go and fetch me a wet cloth from the bathroom!"

Tabitha's tone was imperious and brooked no dissent. Before Lucy realised the implications of leaving her neighbour alone in her bedroom, she was already rushing down the hall and wetting a facecloth at the sink.

Running back to her room, she skidded to a halt in the doorway.

Tabitha was nowhere to be seen.

Lucy glanced back down the hall. She hadn't heard anyone pass her while she was in the bathroom, and there had been no footsteps on the stairs.

With growing trepidation, she turned her eyes to the curtains by the window. The wine stain was gone. But that wasn't what made Lucy's eyes widen in horror. The curtains were rippling, as though a strong wind was billowing the fabric back and forth. But the faulty seals in the double glazing didn't let more than a breath of air through, and there was nothing that could cause the drapes to ripple so violently. It was almost as though there were a series of bulging objects passing along the fabric, straining the seams and stretching the velvet until it looked like it would burst apart and regurgitate whatever was inside.

One of the objects was round. It had the look of a face. A face that was screaming.

"Mummy!" Lucy cried at the top of her voice, dropping the wet cloth and fleeing down the stairs as fast as her feet could carry her.

*

"We all suspected Tabitha was seeing someone on the side – after all, Simon might be rich, but even *he* couldn't have bought her that diamond watch she insisted was an anniversary gift," Barbara crowed as Roger drove her and Lucy to the town hall the next day. "But for her to run off with him in the middle of Lucy's birthday party like that, abandoning poor Poppy and—"

"I think that's quite enough gossip for one weekend, don't you?" Roger said pointedly, glancing in the mirror at Lucy sitting pale and silent in the back seat. Lucy had caused quite a stir when she burst into the kitchen crying that Tabitha had vanished. They all thought it was another party game, until an hour passed and Tabitha still hadn't turned up. That was when Poppy had started crying too.

Lucy didn't mention anything about the curtains until the police paid a visit to the house that evening.

Her vague references to Tabitha touching the curtains, not being there when she came back to the room, and then seeing the curtains bulging, had them glancing at each other and muttering about children's imaginations. With Barbara's permission, they had searched the house, but no sign of Tabitha had been found.

By morning, with Tabitha still missing, and gossip circulating that her alleged lover's car had been seen passing in the street several times during the party, the general consensus was that Tabitha had done what Tabitha always did – upstaged everyone and stolen the show in the most dramatic way possible.

Barbara was clearly hoping that Tabitha's runaway act would allow her own daughter to steal the show for once. With Poppy kept at home while the police investigated and rumours circulated, the star spot in the ballet class recital had suddenly fallen vacant. The Sunday dress rehearsal was the perfect time for Barbara to bend the ear of her daughter's teacher.

"Have fun, girls," Roger said as he dropped them off outside the town hall. "I'll be back tomorrow evening – I'll bring you something nice from London, Lucy."

"Have a good trip, Daddy." Lucy tried to smile, but she didn't want her father leaving for an overnight business trip, not when there was something clearly badly wrong at home. She wished she could explain to her parents what had happened, but she could barely even explain it to herself. All she could do was wave to him sadly, hoping that now her birthday party was over, her mother wouldn't notice her sleeping on the sofa like she had last night.

"Right, let's get you ready for the recital." Her mother took her hand and led her to the dressing rooms, pouncing on her dance teacher as soon as she spotted her and putting forward the case for Lucy to take Poppy's place in the solo dance.

The dance teacher looked harassed. She'd clearly already had to put up with numerous other mothers demanding exactly the same thing.

"Look, everyone wants that spot, so the fairest thing is to audition for it," the teacher told Barbara. "With the show starting next Friday, we don't have any more rehearsal time before then, so I'll have to give the part to someone who knows the dance already."

"Oh, I'm sure Lucy knows it very well, don't you, sweetheart?" her mother urged.

Lucy nodded obligingly, feeling her stomach knot. She hated ballet. The only reason she went was because her mother insisted on it. And now she was insisting on her doing something she hated even more – performing in public. Hiding in the back row during each dance would be torture enough, but standing at the front and performing a solo..?

Lucy felt sick as her mother sat her down in front of

the dressing room mirrors and started pulling her hair into a bun that she pinned at the back of her head. In the thick press of bodies – mothers doing their daughters' hair and makeup, girls pulling on frilly tutus and ballet pumps – Lucy's head began to spin. She hadn't had much sleep since her new bedroom had been unveiled, and the dreams she had fallen into had been troubled and full of undulating drapes and shadowy faces screaming behind folds of fabric.

A snippet of conversation she caught from behind the opposite mirror made her sit bolt upright again.

"Yes, it was all the disappearances that made them shut this place up for so many years," one mother was saying.

"But there can't have been as many as all that?" another asked.

"You'd be surprised. From the article I read, there were at least a dozen, including two musicians, a well-known actor, a talented younger dancer, and four or five stagehands. Those three children going missing during their choir performance was the last straw. That's when they shut this place for good."

"But that was way back in the fifties! Why has it taken the council so long to reopen the hall?"

"The usual reason – money. We didn't get the refurbishment budget approved until last year. We're lucky the hall's reopened just in time for the dance recital. I didn't fancy another year squeezing into the school assembly hall, did you?"

"No, this place looks wonderful now – especially with those lovely new stage curtains."

Lucy's mother gave her shoulder a squeeze. Lucy jumped. Her shoulder was still sensitive where it felt as though it had been bitten the other night.

"You really are going to have to get more sleep, Lucy," Barbara fretted. "You don't look well. Did you eat too much cake yesterday? I told you not to have trifle on top of it. Oh, it's too late now, they're calling the girls who want to audition for Poppy's solo spot."

Lucy very definitely did *not* want to audition, but there would be no talking her mother out of making her do it.

Trudging miserably though the corridor behind her mother and the rest of the pushy parents who were desperate to see their own daughters shine, Lucy lined up on the steps at the side of the stage, trying to slow her pounding heart and tame her trembling limbs. It wasn't just lack of sleep that had her wound so tight she felt close to snapping. The image of faces in fabric folds and bulging material flashed though her head again and again until she felt like she would go mad.

As the music swelled, faded, and began again, marking each girl's attempt to win Poppy's coveted solo spot, the words she'd overhead in the dressing room whirled through her head.

"...all the disappearances..."

"...at least a dozen..."

"...reopened just in time..."

"...lovely new stage curtains..."

Lucy gasped when the girl behind her gave her a poke in the ribs. It was her turn to walk up to the stage to try out for Poppy's dance part. Lucy had a good memory, she could remember the steps, but her heart was pounding so loud in her ears she could barely hear her dance teacher's instructions anymore. She *could* see her mother's face in the front row, however, staring up at her, half encouragingly, half in warning of the disappointment to come if she didn't make her mother proud.

Lucy walked onto the stage, her eyes fixed on the ground, dutifully starting the dance routine as the music swelled once more. One step, two steps, a hesitant chassé on trembling legs, a half-hearted jeté that landed heavily, a wobbling pirouette turn...

Halfway round, Lucy realised what had been nagging away at the corner of her mind. It was the curtains. Spinning on the spot, she caught a glimpse of the brand new, red velvet curtains in the spotlight. The faded pink ones from long ago had been thrown out, rescued from the skip by Steve, sewn by his wife, and given to Lucy's father to finish the decorations for her room.

"…all the disappearances..."

Lucy knew now with terrible certainty where all those people had gone. Barely able to breathe, she fell out of the pirouette and rushed for the stairs.

"Lucy!" her mother cried, running after her. "Lucy! Where are you going! You haven't finished the dance! *LUCY*!"

*

"I've never been so embarrassed in all my life!" her mother was still shouting when they'd taken the bus home and Lucy had been marched to the bathroom to have her stage makeup removed by her mother's less-than-gentle hands.

"And will you STOP that nonsense about the curtains? I won't have it! You've been spoiled, that's what's going on here. Your father and I have gone to all that expense to make a beautiful bedroom for you and all you can do is complain that you want—"

"But the curtains are—"

"ENOUGH!" her mother bellowed, going red in the face. "I will NOT have a spoilt daughter who has us bending over backwards to satisfy every whim. You're going to stay in that room until you see just how silly you're being."

Taking Lucy by the arm, she propelled her daughter down the hall and into her fairy-themed bedroom.

"No!" Lucy wailed, hanging on to her mother and trying to stop her from pulling away. "Please! I'll be good! Don't leave me in here."

"Honestly! This is just ridiculous!"

Deciding she needed to be firm for her daughter's own good, Barbara forced the clutching hands away and closed the door, holding it closed as Lucy pounded on the other side.

"Mummy, please! Let me out!"

"For heaven's sake, Lucy! It's broad daylight! I could understand if you were scared of the dark – that's why we got you a night lamp, remember? But this is just—"

"MUMMY! IT'S COMING!"

The hammering hands pounded frantically again, followed by what sounded like nails scratching across the surface of the door.

"Lucy! If I find you've ruined that paintwork your father spent so long on, then I'll—"

The noise in the bedroom stopped abruptly.

"Well, I'm glad you've finally seen sense," her mother sighed. Really, she hadn't enjoyed her daughter's distress one little bit – it had been difficult hearing the fear in her voice without giving in to the urge to comfort her. But Lucy had to learn not to let that overactive imagination get the better of her, or she'd end up a timid little mouse. And timid little mice didn't grow up to be beautiful fairy princesses, did they?

No, they certainly do not, Barbara thought to herself.

"Go and lie down, sweetheart. I'll make you some calming hot milk and honey, then I can read to you for a bit, alright? I'll read you some of that new fairytale book your granny sent for your birthday – you'd like that, wouldn't you?"

Barbara put her ear to the door, but there was no sound in the room beyond.

That was good. It meant Lucy wasn't crying, at least. Barbara hurried downstairs, busying herself making two cups of hot chocolate and honey, and adding some marshmallows as an afterthought.

I *don't want her growing up plump, but it was her birthday yesterday after all, and Tabitha did go and ruin it with her amateur dramatics*, Barbara thought, wondering what kind of mother would run off with her lover and leave her daughter at a neighbour's birthday party. She might never have been able to compete with Tabitha financially, but now Barbara could be smug about the fact that she won hands-down in the mothering department.

She hummed to herself as she carried the steaming mugs upstairs, looking forward to spending some quiet time reading to Lucy. It had been a while since they'd read together – she'd been leaving it to Roger for so long she couldn't remember the last time she'd had a proper bedtime book-and-chat session with her daughter.

"This is nice, isn't it, sweetheart?" Barbara said, balancing her tray on her arm so she could open the bedroom door. "We'll have a girls' night in while your father's away, just the two of us. Lucy?"

Stepping into the room, she found her daughter was no longer there. She set the tray down on her daughter's desk and went to check her own room and the bathroom. They were empty too. She was sure she would have heard Lucy come down the stairs. She must still be in her room. She must be hiding. That was it. Her daughter was in a huff and now she was going to make Barbara look for her.

Barbara heaved a sigh and went back to the fairy-themed bedroom. She was about to open the wardrobe to check if Lucy had hidden herself away behind the clothes, when her eyes came to rest on the drapes by the window.

"Lucy!" she called. "What have you done with your curtains? They're all lumpy!"

Barbara took a closer look at the strange bumps and bulges in the plush fabric. It was odd, but the curtain on the left-hand side had a knotted clump near the hem that bore a curious resemblance to a foot, while she could've sworn the lumps further up had the look of arms and hands. And there, on the right-hand curtain, that wasn't..?

No, her eyes were playing tricks on her. It certainly *couldn't* be outline of a child's head.

The wind blew through the open window, billowing the curtains before sucking them back against the glass. In and out, in and out the pink fabric quivered, the lumps slowly dissolving to leave smooth velvet once more. Barbara had the distinctly queasy feeling that she was watching the digestion process of some strange, fleshy creature that had swallowed something particularly tasty.

She shivered and shut the window with a thump. Just as she was heading to the door to hunt for her daughter, the hair on the back of her neck stood on end. From nowhere, it seemed, a cold gust of wind swept across the room, so strong it almost knocked her off her feet. It was accompanied by a loud, guttural sound that seemed oddly familiar.

Barbara turned to look back at the curtains suspiciously.

It couldn't be.

She shook her head. No, she was imagining things. The velvet curtains *didn't*, most definitely could *not* have just *burped*.

About the Author

Victoria Williamson is an award-winning author from Glasgow, Scotland who has worked as an educator in a number of different countries, including as an English teacher in China, a secondary school science teacher in Cameroon, a teacher trainer in Malawi, and an additional support needs teacher in the UK.

Victoria writes and edits books for the education company Twinkl. She spends the rest of her time writing novels for children and adults, and visiting schools, libraries and literary festivals to give author talks and run creative writing workshops. When not writing or talking about books, she's often to be found up to her knees in mud on an archaeological dig or tangled up in a ball of wool playing with a crochet hook.

Her favourite time of year is autumn, when mists descend on the Scottish moors and eerie stories like the tales in *Chilling Childlore* come whispering on the wind on dark evenings.

Website: www.strangelymagical.com

@strangelymagic

@strangelmagicalbooks

If you enjoyed *Chilling Childlore*, why not try:

Five unnerving tales of the weird and uncanny from award-winning author Victoria Williamson.
Out now with Silver Thistle Press

A room full of screaming butterflies.
An unsettling smile on the face of a carved sarcophagus.
A painting that draws its viewer into the disturbing past.
A stuffed bear that growls in the dead of night.
And a shell that whispers more sinister sounds than the sigh of the sea...

Dare you cross the threshold of the old museum and view its eerie exhibits?

Available Now:

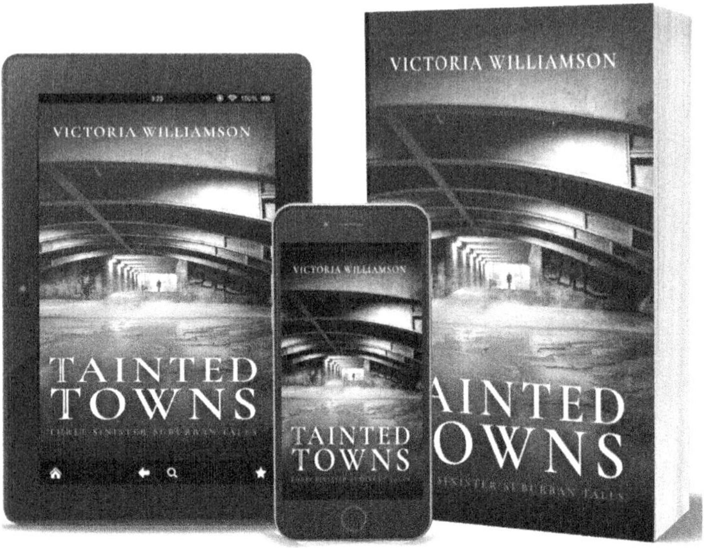

Three unnerving tales of the weird and uncanny from award-winning author Victoria Williamson. Out now with Silver Thistle Press

Forced to leave her cosy suburban home for the desolate city outskirts, Helen is chased each night through a dark underpass by a malevolent force.

What does it want?

Terry and Janet take matters into their own hands to tame their neighbour's overgrown garden when it threatens the order of their perfect suburban life.

But the garden fights back...

And can Tom keep the secrets of the past buried when his crew is assigned to repair the very road he knows he must avoid at all costs?

Dare you visit these Tainted Towns to discover their dark secrets?

Also out with
Silver Thistle Press:

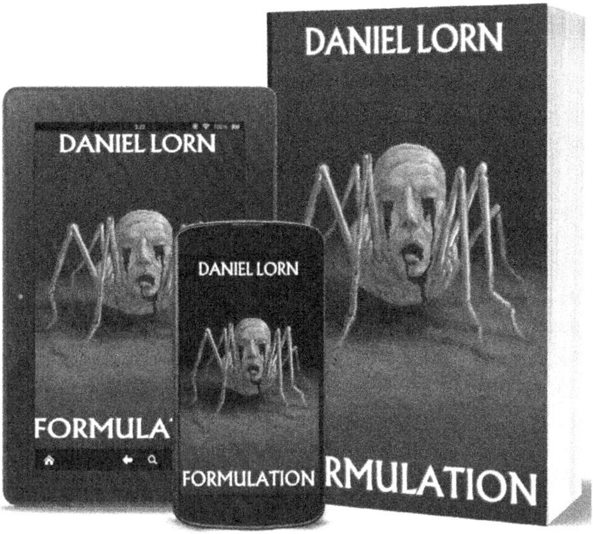

Printed in Dunstable, United Kingdom

68179808R00119